D1703677

Joachim Schmidt von Schwind
Verlag für Hörbuch und Buch

KLAUS SCHMIDT, geb. 1935, Theologe und Publizist, lebt in Köln. Buchveröffentlichungen und Beiträge in Rundfunk, Zeitschriften und Zeitungen. Als Stipendiat des Ökomenischen Rates der Kirchen geschichtliche Studien und Antirassismus-Arbeit in den USA. In den sechziger Jahren Mitarbeiter des „Politischen Nachtgebets" und Vorsitzender des „Republikanischen Klubs" in Köln. In den siebziger Jahren Studentenpfarrer an der Universität Köln. 1987/ 88 im Auftrag der „dienste in übersee" als Referent für Menschenrechtsfragen sowie als theologischer Dozent auf den Philippinen tätig. Seitdem Schulpfarrer, zugleich tätig im bundesweit arbeitenden „Philippinenbüro e.V." in Essen.

Titelbild: von oben nach unten
                    Hermann Friedrich Kohlbrügge
                    Johanna Kinkel
                    Gottfried Kinkel
                    Friedrich Engels
                    Friederike Fliedner
                    Friedrich Wilhelm Krummacher
                    Ferdinand Freiligrath
                    Bildhintergrund: „Eine Elberfelder Barrikade"

1. Auflage, 1998

Titelgestaltung: Anne Kaute
Herstellung: Druckerei Handpresse, Weilerswist

copyright © by
Joachim Schmidt von Schwind - Verlag für Hörbuch und Buch
Mainzer Straße 75 • 50678 Köln
Telefon 0 22 1 / 3 76 16 19
Telefax 0 22 1 / 9 37 81 30

ISBN 3-932050-10-X

Klaus Schmidt

KANZEL, THRON UND DEMOKRATEN

Die Protestanten und die Revolution 1848/49
in der preußischen Rheinprovinz

Inhalt

Einleitung

Deutschland vor 150 Jahren. Demokratischer Aufbruch und Revolution beflügeln die einen, schockieren andere. Soziale Verelendung und staatlicher Druck rufen Widerstand hervor. „Gegen Demokraten helfen nur Soldaten", heißt daraufhin die Parole. Man schürt Haß gegen „Wühler" und „Gottesleugner". Der soziale Aufstand greift 1848/49 auch auf die preußische Rheinprovinz über, hier besonders auf die unter harten Bedingungen leidenden Arbeiter und Handwerker.

Diese Ereignisse lagen bis in die jüngste Zeit abseits der Fachliteratur weithin im Halbdunkel der Geschichte. Ausnahmen bildeten nicht einmal Marx und Engels, die im Osten zum Denkmal erstarrten und im Westen in die Abstellkammern der Museen verbannt wurden. Daß es vor, nach und neben ihnen Personen, Initiativen und Organisationen gab, die den Finger auf Wunden legten, die heute noch schmerzen, wurde oft vergessen - oder verdrängt. So war über den Freiheitssänger Ferdinand Freiligrath im Juli 1996 in der ZEIT zu lesen: „Einst war er Deutschlands populärster Dichter, heute ist er zu Unrecht vergessen." Ein Jahr später wurde wenigstens der einst verfemte Heinrich Heine anläßlich seines 200jährigen Geburtstags der Vergessenheit entrissen und ins helle - manchmal grelle - Licht der Öffentlichkeit gestellt. Georg Werth blieb dabei noch im Dunkel, auch Georg Herwegh samt seinem aufrüttelnden Vers „Alle Räder stehen still, wenn dein starker Arm es will", den er an der Wiege der organisierten Arbeiterbewegung und der Sozialdemokratie sang.

„...An die Türe pocht die Not - Bete kurz! denn Zeit ist Brot." So der erste Vers seines Gedichts. Wie betete man damals in den Kirchen? Und wie reagierte man auf die Not? Und auf diejenigen, die sich dagegen wehrten?

Es gibt eine Legende: Die Kirchen vertrösteten die Armen auf den Himmel, kümmerten sich nur um's Jenseits. Das ist nicht nur falsch, sondern auch verharmlosend. Zumindest die protestantische Kirche in Preußen stellte mit ihrer „Thron und Altar"-Ideologie eine der stabilsten Stützen preußischer Herrschaft dar. Die Soldaten sangen beispielsweise auch dieses Lied: „Du höchster Führer, Gott verleih', / daß ich stets christlich wandle, / stets fromm, getrost und tapfer sei, / nie frech und strafbar handle."

Kirchliche Prediger, Organisationen und Vereine verteufelten die Revolution, die Demokratie und den Sozialismus. Das steht außer Zweifel. (Nur wenige Ausnahmen bestätigen da die Regel.) Aber Angst, Abscheu und zweifellos auch vorhandene Nächstenliebe riefen in ihnen ungeahnte kreative Kräfte hervor. Sie verstärkten ihre Diakonie, ihre soziale Arbeit - als Bollwerk gegen Verwahrlosung, Aufruhr und gegen den Sozialismus, wie sie selber sagten. Nicht wenige waren unermüdlich karitativ tätig. Diakonische Einrichtungen nahmen imponierende Ausmaße an, wie in Hamburg und Bethel, so auch in Kaiserswerth: dort dank der Pionierleistung von Theodor und Friederike Fliedner.

Solche Leistungen wurden 1998 zu Recht gepriesen. Vor 150 Jahren, im Jahr der Revolution, entstand nicht zufällig die mit dem Namen „Innere Mission" gekennzeichnete Dachorganisation vielfältiger diakonischer Einrichtungen und sozialer ebenso wie publizistischer Initiativen. Ihre Wortführer machten keinen Hehl daraus, daß die „Innere Mission" nicht nur als Werk der Nächstenliebe, sondern zugleich auch als Instrument zur Verteidigung preußisch-protestantischer Werte gedacht war.

Nicht alle Protestanten waren staatstreu. Manche standen skeptisch abseits. Einige wenige schwammen gegen den Strom, mischten sich ein, nahmen Partei auf Seiten der Armen, der Aufbegehrenden, der Revolutionäre.

Der Pfarrer Friedrich Ludwig Weidig, Weggefährte von Georg Büchner und Mitverfasser des „Hessischen Landboten", kam bereits 1837 unter nie völlig geklärten Umständen nach jahrelanger Folter im Darmstädter Arresthaus zu Tode. Der Professor der Kunstgeschichte und ehemalige Theologe Gottfried Kinkel wurde nach dem badischen Aufstand 1849 zu lebenslanger Haft verurteilt und später von seinem Freund Carl Schurz auf abenteuerlichste Weise aus dem Zuchthaus befreit. (Andere Freischärler wurden standrechtlich erschossen oder gingen in den Kasematten der Festung Rastatt zugrunde.) Ein sozialistischer Pfarrer in Bremen wurde vom Senat seines Amtes enthoben, ein anderer kam in St. Wendel nach Pflanzen eines Freiheitsbaums ins Gefängnis. Viele Schicksale sind noch wenig erforscht.

Evangelische Lehrer, die in Solingen, Leichlingen oder Opladen 1848 Partei für Arbeiter und Arbeitslose ergriffen, erhielten Berufsverbot. Aber wer kennt sie? Sie waren eher Ausnahmen im Rheinland.

Woran liegt es denn, daß viele Tatsachen, Episoden und Personen jener Zeit bis heute unbekannt geblieben sind? Der frühere Bundespräsident Gustav Heinemann gab 1974 bei der Eröffnung der Erinnerungsstätte in Rastatt - einer seiner Vorfahren war dort erschossen worden - eine Antwort: „Man sagt gelegentlich, und ich habe es auch getan, die Geschichte werde vom Sieger geschrieben. Wahr ist daran, daß die deutsche Erhebung von 1848/49 wie so manche Freiheitsbewegungen niedergeschlagen wurde, und wahr ist auch, daß sich die Sieger mit den Fürstenkronen und ihre Diener nach Kräften bemüht haben, das Bild der Erinnerung daran bis in die Geschichtsbücher hinein zu schmähen, zu verdunkeln..."

Auch die evangelische Kirche gehörte mehrheitlich zu den Dienern der Sieger, nicht nur in der preußischen Rheinprovinz. In den Archiven schlummern unerforschte Dokumente aus jener Zeit.

Meist jedoch wurde das „tolle Jahr" - so der bürgerlich-kirchliche Jargon - mit Schweigen bedeckt. Man war entweder aus religiöser Überzeugung entsetzt oder schlicht empört - oder erleichtert darüber, daß der politische Sturm den eigenen Kirchturm nicht erfaßt hatte. Einige tapfere Kämpfer wider die Revolution verschanzten sich im Turm, um zu verhindern, daß die Glocken zum Aufruhr geläutet wurden.

Man war bereit, den Arbeitern mit Fürsorge zu begegnen, doch selbst ihre völlig gewaltfreien Organisationen lehnte man strikt ab, ohne einen Dialog ernsthaft anzustreben. Der Bruch zwischen Kirche und Arbeiterschaft wurde - von Ausnahmen abgesehen - irreparabel.

Doch mit dem Sieg der reaktionären Kräfte ging die Freiheit nicht unter. „Sie setzte sich mit anderen Mitteln fort," so Gustav Heinemann in seiner Ansprache 1974, „vor allem in der entsagungsvollen, unermüdlichen Selbstbefreiung der Arbeiterschaft etwa in den Arbeiterbildungsvereinen und Gewerkschaften. Sie haben die Flamme bewahrt und schließlich in unser Jahrhundert weitergetragen ..."

Manches ist hinzugekommen, was damals in den Anfängen war. Für die Emanzipation der Frau ist die Bonner Komponistin Johanna Kinkel ein bemerkenswertes Beispiel, während Friederike Fliedner in Kaiserswerth an der Seite ihres konservativen Mannes sich und ihre Arbeit nur begrenzt von der männlichen Vorherrschaft befreien konnte.

Und die Evangelische Kirche in Deutschland - und im Rheinland? Sie ist keine „Thron und Altar"-Kirche mehr. Gewiß nicht. Aber die Verbindung von manchen staatlichen und kirchlichen Interessen bleibt ebenso problematisch wie die Jahrhunderte alte Militärseelsorge. Gewiß: Die Betonung von „Ordnung" und „Gehorsam" ist zugunsten von „Gerechtigkeit, Friede und Bewahrung der Schöpfung" in den Hintergrund getreten. Manche Kirchenvertreter marschieren sogar an der Spitze von gewerkschaftlichen

10

Demonstrationen mit. Die evangelischen Kirchentage sind wesentlich progressiver als vor 150 Jahren. Die Friedensbewegung ist von Teilen der Kirche mitgetragen worden. Aber die Vision einer gerechteren Welt jenseits der immer noch real-existierenden Klassengesellschaft ist weithin verblaßt - freilich nicht nur in der Kirche.

Wenn es zutrifft, daß Zukunft auch in der Vergangenheit liegt, dann könnte nach dem Zusammenbruch des staatssozialistisch und stalinistisch deformierten Menschheitstraums die Reflexion antikapitalistischer, parlamentarischer wie außerparlamentarischer Bewegungen in der deutschen Geschichte kritisch-erhellend, vielleicht sogar trotz Niederlagen ermutigend sein. Trotz alledem! „Es ist noch nicht erschienen, was wir sein werden", meinte Ernst Bloch. Die konkrete Utopie bleibt unverzichtbar. Auch das ist eine wesentliche Botschaft der Kämpferinnen und Kämpfer von 1848/ 49. Im Wetterleuchten und in den lichtvollen Momenten und Prozessen jener Zeit kam eine auf Befreiung beider Hälften der Menschheit zielende Energie zum Tragen, die noch nicht erschöpft ist.

Vorgeschichten

Wetterleuchten in Preußen

Preußen befindet sich zu Beginn des 19. Jahrhunderts in einer schwierigen Lage.

Der seit 1797 regierende König Friedrich Wilhelm III. laviert außenpolitisch zwischen dem napoleonischen Frankreich und den anderen europäischen Großmächten. 1806/07 unterliegt er Napoleon und verliert die Hälfte des bisherigen preußischen Staatsgebiets.

Der Niederlage folgen die Reformen des Reichsfreiherrn vom Stein und des Staatskanzlers von Hardenberg, die Stückwerk bleiben. Der König ebenso wie Österreichs Staatskanzler Metternich blockieren Demokratisierung und unterdrücken Opposition.

Nach Napoleons Niederlage wird Preußen 1815 für Gebietsverluste im Osten mit vier Provinzen entschädigt: Sachsen, Posen, Westfalen und Rheinland. Der König verkündet, er werde eine gesamtstaatliche Verfassung und eine Nationalrepräsentation schaffen. Doch dieses Versprechen hält er nicht ein.

Als 1819 der Theologiestudent und Burschenschaftler Karl Ludwig Sand den verhaßten russischen Staatsrat und Lustspieldichter August von Kotzebue ermordet, reagiert Preußen in enger Verbindung mit Österreich mit einer verschärften Einschränkung jeglicher politischer Opposition. Die Presse wird zensiert, die Universitäten werden sorgfältig überwacht und die Burschenschaften verboten. In Mainz entsteht eine Zentraluntersuchungskommission zur Aufklärung „revolutionärer Umtriebe und demagogischer Verbindungen". Der protestantische Dichter und Bonner Geschichtsprofessor Ernst Moritz Arndt erhält Berufsverbot.

Der „Turnvater" Jahn wird inhaftiert, der Dichter Fritz Reuter zu langjähriger Festungshaft verurteilt. „Un denn wunnern sik de Lüd' noch, wo Einer Demokrat warden kann", meint er nach seiner Entlassung. „As wi inspunnt würden, wiren wi't nich, as wi rute kemen, wiren wi't All."

Vor der „Märzrevolution" von 1848 bilden sich im „Vormärz" in Opposition gegen das herrschende Restaurationssystem in Deutschland und insbesondere in Preußen zahlreiche Reformbewegungen. Unterschiedlich sind gesellschaftliche Positionen, Zielvorstellungen und politische Methoden, aber die meisten Reformer sind sich darin einig, daß die wirtschaftliche und soziale ebenso wie die politische Ordnung verändert werden muß. Auch im übrigen Europa gärt es. Die Befreiungskämpfe der Griechen, Spanier, Italiener und Polen wirken ermutigend auf die entsprechenden Bewegungen in Deutschland. Polen- und Griechenvereine sind hier zugleich Ausdruck der Opposition gegen die innerdeutschen reaktionären Verhältnisse.

Die französische Revolution von 1830 löst dann wie in ganz Europa, so auch in Deutschland eine Welle nationalrevolutionärer Erhebungen aus. Die wirtschaftlichen Verhältnisse tragen erheblich dazu bei. Nach dem Beginn der Industrialisierung leidet die weitere Entfaltung von Handel und Industrie unter der deutschen Kleinstaaterei und der Zersplitterung durch Zollschranken und uneinheitliche Geldsysteme. Das Bürgertum - die „Bourgeoisie" - strebt allein schon aus diesem Grund die deutsche Einigung an.

Großindustrielle Unternehmen verdrängen mehr und mehr die traditionellen, in Zünften zusammengefaßten Handwerksbetriebe. Schwerindustrie, Berg- und Eisenbahnbau schaffen neue Ballungszentren in Schlesien, Sachsen, im Rheinland und im Ruhrgebiet. Aber mit neuen Arbeitsplätzen wächst weniger die soziale Gerechtigkeit als vielmehr das Proletariat, das nun in steigendem Maße soziale und politische Forderungen zu stellen beginnt. Die Liberalen, die in Auseinandersetzung mit Fürsten und Königen in

Deutschland um bürgerliche Freiheiten kämpfen, wenden sich erschreckt um und schließen sich in Furcht vor der Revolution der Massen zusammen. Einige liberale Wortführer freilich wechseln ins konservative Lager und erhoffen sich von der preußischen Regierung unter Friedrich Wilhelm III. die Schaffung eines starken Deutschland. Aus Furcht vor einer proletarischen Volkserhebung nehmen sie herrschaftliches Gottesgnadentum, Verfolgung politisch mißliebiger „Demagogen", Deutschtümelei, Franzosenhaß und Antisemitismus in Kauf.

Die nationale Begeisterung wächst, als Friedrich Wilhelm IV. 1840 den Thron besteigt. Der aus dem rheinischen Geilenkirchen stammende Nikolaus Becker steigert mit seinem „Rheinlied" die Angst vor der angeblichen Bedrohung aus dem Westen und damit gleichzeitig den Franzosenhaß: „Sie sollen ihn nicht haben, / den freien deutschen Rhein, / bis seine Flut begraben / des letzten Manns Gebein!"

Durch den Regierungswechsel erhoffen sich viele eine Besserung der deutschen Verhältnisse. Friedrich Wilhelm IV., Königin Luises begabter Sohn, scheint in allem das Gegenteil seines pedantisch trockenen und bürokratisch verhärteten Vaters zu sein. Er lockert die Pressezensur und beendet die „Demagogenverfolgung". Die vormals von Friedrich Wilhelm III. Verurteilten oder Gemaßregelten wie Fritz Reuter und Ernst Moritz Arndt werden amnestiert. Der König, dessen Vater Parlamente strikt abgelehnt hatte, spricht von einer „Fortführung der Verfassung". Optimisten hören da liberale Töne heraus.

In dieser Situation erklärt Johann Jacoby, ein angesehener jüdischer Arzt aus Königsberg, in einer Aufsehen erregenden Schrift, man solle doch die Teilnahme des Volkes an Staatsangelegenheiten nicht „untertänigst" erbitten, sondern als mündiges Volk in Anspruch nehmen. Schließlich sei ein Verfassungsversprechen aus dem Jahre 1815 auch vom König anerkannt worden. Der König wütet gegen den „Beschnittenen", den „kleinen Juden", den „frechen Empörer".

15

Jacoby wird daraufhin wegen Hochverrat und Majestätsbeleidigung zu zweieinhalb Jahren Festung verurteilt. Der Präsident des Berliner Kammergerichts, das sich zu einer Aufhebung des Urteils durchringt, wird von der Regierung aus dem Amt gejagt.

Der Königsberger Student Rudolf Gottschall bleibt ebenfalls nicht ungeschoren, als er an der Breslauer Universität, ganz anders als Nikolaus Becker den Rhein besingt:

...Bist du denn wie ein Jagdhund, abgerichtet,
der gierig wittert nach Franzosenblut?
Willst du, so wie man es dir angedichtet,
verschlingen diese ganze Frankenbrut?
Nein, ich beschwör' es, du bist wahrlich besser
als sie es glaubten, die Franzosenfresser...

„Nur Menschen, nichts als Menschen laßt uns sein!" fordert Gottschall in seinem Gedicht - und wird sogleich „wegen Verdachts auf demokratische Gesinnung" von der Breslauer Universität relegiert. Gottschall bleibt Außenseiter. Ganz anders der in seine Bonner Professur zurückgekehrte Protestant Ernst Moritz Arndt. Mit seinem Applaus für Nikolaus Becker spricht er der Mehrheit der Deutschen, auch der Liberalen, aus dem Herzen:

...Nun brause fröhlich, Rhein:
Nie soll ob meinem Hort
ein Welscher Wächter sein!...
Fort! Fort die alten Schmerzen!
Der alten Wahne Tand!
Alleinig stehn wir da, fürs ganze Vaterland,
jung steht Germania.

Wer - vielleicht gar noch als Demokrat - gegen diesen Strom nationaler Begeisterung schwimmt, für den der Rhein als Symbol herhalten muß, hat schlechte Berufsaussichten oder lebt gefährlich in Preußen. Presse und Literaten geraten in Preußen mehr und mehr unter Zensur und Kontrolle. Seit Dezember 1841 gestattet der König „eine freimütige Besprechung vaterländischer Angelegenheiten" nur dann, wenn sie „wohlmeinend und anständig" ist. So wird der Dichter Georg Herwegh zwar 1842 noch von ihm empfangen, aber nach oppositionellen Äußerungen aus Preußen ausgewiesen. Das gleiche Schicksal widerfährt Heinrich Hoffmann von Fallersleben, dem Germanist und Dichter des Deutschlandliedes, der zuvor noch seine Professur verliert.

Unmut wächst nicht nur unter Intellektuellen. Durch Mißernten und einen steilen Anstieg der Lebensmittelpreise nimmt die Armut in der Bevölkerung zu. Eine im Winter 1846/47 beginnende Absatzkrise, auf die die Fabrikanten mit Lohnkürzungen und Massenentlassungen reagieren, führt zu Unzufriedenheit auch im Kleinbürgertum. Die politischen Clubs und Bildungsvereine werden immer radikaler in ihren Forderungen. Der „Bund der Gerechten", aus dem im Juni 1847 unter der Mitwirkung von Friedrich Engels ein „Bund der Kommunisten" geworden ist, propagiert „die Aufhebung der alten, auf Klassengegensätzen beruhenden bürgerlichen Gesellschaft und die Gründung einer neuen Gesellschaft ohne Klassen und ohne Privateigentum".

Die Liberalen in Preußen wollen Reformen und parlamentarische Fortschritte, nicht zuletzt um radikalen Demokraten und Kommunisten das Wasser abzugraben. Doch der König gießt auch hier wieder Öl ins Feuer, schwört, es werde keiner Macht der Erde jemals gelingen, ihn zu einem konstitutionellen Fürsten zu degradieren. Nie und nimmer werde er zugeben, „daß sich zwischen unsern Herrgott im Himmel und dieses Land ein beschriebenes Blatt gleichsam als zweite Vorsehung eindränge, um mit seinen Paragraphen zu regieren und durch sie die alte Treue zu ersetzen".

Der Zusammenbruch der vormärzlichen Ordnung ist nicht mehr aufzuhalten. In Paris erzwingen Studenten, Arbeiter und die bürgerliche Nationalgarde im Februar 1848 nach dreitägigen Barrikadenkämpfen die Abdankung des „Bürgerkönigs" Louis

Philippe. Die Republik wird ausgerufen und eine provisorische Regierung gebildet, an der auch zwei Vertreter der radikalen Arbeiterschaft beteiligt sind.

Jetzt ist es nur noch eine Frage von Tagen, wann die Revolution auf Mitteleuropa und auch auf Deutschland übergreift.

Thron und Altar im Vormärz

Friedrich Wilhelm III. hat Kirche und Staat in Preußen miteinander in enge Verbindung gebracht. Sein starkes, geradezu missionarisches Sendungsbewußtsein wird bereits 1815 in den feierlichen Worten des Erlasses spürbar, in dem er die Rheinlande als preußische Provinz deklariert:

„..So habe ich denn im Vertrauen auf Gott und auf die Treue meines Volkes diese Rheinländer in Besitz genommen und mit der Preußischen Krone vereinigt... Eure Religion, das Heiligste, was den Menschen angehört, werde ich lehren und schützen... Ich werde die Anstalten des öffentlichen Unterrichts für Eure Kinder herstellen... Ich werde einen bischöflichen Sitz, eine Universität und Bildungsanstalten für Eure Geistlichen und Lehrer errichten."

Für den allenthalben in seinem Reich auf zentrale Einheit bedachten Preußenkönig sind die nebeneinander lebenden „lutherischen" und - an den Schweizer Reformatoren Zwingli und Calvin orientierten - „reformierten"Gemeinden ein Ärgernis, das ihn, der selber reformiert ist, bis in sein Privatleben hinein berührt: Aufgrund der konfessionellen Grenzen kann er mit seiner lutherischen Gemahlin Luise nicht gemeinsam das Abendmahl feiern. 1817 setzt er sich mit seinem Freund und Berater, dem in Potsdam amtierenden Hof- und Garnisonprediger Ruhlemann Friedrich Eylert zusammen und regt per Kabinettsordre eine Kirchenunion an, „in welcher die reformierte nicht zur lutherischen und diese nicht zu jener übergeht, sondern beide eine neu belebte, evangelische Kirche im Geist ihres Stifters werden". Der Wille des Königs ist den meisten Befehl. Letztlich stimmen fast alle zu. Der König selbst legt eine aus der „Kirchen-Agende für die Hof- und Domkirche in Berlin" entwickelte Liturgie fest, die nicht ohne Widerspruch bleibt. Es kommt zu einem „Federkrieg", der 1829 einvernehmlich beendet wird. Gleichzeitig wird das bischöfliche Amt eines vom König zu berufenen Generalsuperintenden für Preußen geschaffen. Das Band zwischen Thron und Altar wird dadurch nur noch fester geknüpft. Zwar setzen die Kirchen in Westfalen und im Rheinland eine aus reformierter Tradition kommende, eher demokratische („presbyterial-synodale") Ordnung durch - sie wird aber vom König mit Hilfe seiner Hofprediger und anderer geistlicher Kontrollorgane deformiert.

Auch zum Militär wird die Bindung verstärkt. Schon durch Kurfürst Friedrich Wilhelm von Brandenburg war die Militärseelsorge zu einer ständigen Einrichtung gemacht, unter Friedrich II. in Potsdam dann eine große Garnisonkirche errichtet worden, in der Eylert nun zu ihrer Hundertjahrfeier im Jahre 1832 die Festpredigt hält. Wahre Christen seien auch gute, treue Untertanen, so verkündet er. „Denn Gott fürchten und den König ehren ist nach der Lehre der Heiligen Schrift und dem Zeugnisse der Erfahrung eins." Der Hofprediger preist den König als guten, gerechten und gnädigen Wohltäter und dankt ihm besonders für das Militärwaisenhaus, „diese milde, reiche Mutter einer großen Anzahl vater- und mutterloser Kinder".

Weit verbreitet wird seine Schrift „Charakterzüge und historische Fragmente aus dem Leben Friedrich Wilhelms III.". Er selbst wird später von Friedrich Wilhelm IV. mit dem roten Adlerorden 1. Klasse mit Brillanten geehrt werden - ganz im Gegensatz zu seinem Sohn, der - selber Pastor - mit der Revolution von 1848 sympathisiert.

Neben Eylert gibt es noch weitere neunzehn Hofprediger in Preußen. Sie prüfen die Pfarramtskandidaten, üben die Schulaufsicht aus, zensieren das kirchliche Schrifttum und stellen praktisch eine Art staatskirchlicher Kontrollinstanz dar.

Kirche in Unterbarmen und Monument Friedrich Wilhelms III., König von Preußen

Friedrich Wilhelm IV., der von 1840 bis 1858 regiert, ist von ähnlichen religiösen und kirchenpolitischen Vorstellungen geprägt wie sein Vater.

Bereits in jungen Jahren wird er religiös stark beeinflußt, vor allem durch den einer alten Hugenottenfamilie entstammenden Theologen Pierre Francois Ancillion. Der in Berlin Geborene hat hier schnell Karriere gemacht. Als Prediger der französischen Gemeinde war er zugleich Professor für Geschichte an der Kriegsakademie.

Danach wurde er Hofhistoriograph, Staatsrat im Kultusministerium, Erzieher des Kronprinzen und Außenminister. Seine Schrift „Zur Vermittlung der Extreme in den Meinungen" charakterisiert auch den Werdegang seines Zöglings, der zu Beginn seiner Regierung einerseits „Demagogen" rehabilitiert, sich andererseits mit reaktionär-protestantischem Militär umgibt. So wird der pommersche Junker und General Leopold von Gerlach sein persönlicher Adjutant und der fromme General von Thile („Bibelthile") Kabinettsminister.

Spottlustig läßt Heinrich Heine den Monarchen bekennen:

Mein Lehrer, mein Aristoteles,
Das war zuerst ein Pfäffchen
Von der französischen Kolonie
Und trug ein weißes Bäffchen.

Er hat nachher als Philosoph
Vermittelt die Extreme,
Und leider Gottes hat er mich
Erzogen nach seinem Systeme.

Ich ward ein Zwitter, ein Mittelding,
Das weder Fleisch noch Fisch ist,
Das von den Extremen unserer Zeit
Ein närrisches Gemisch ist.

Das fromme Militär stützt das überaus starke monarchische Selbstbewußtsein Friedrich Wilhelms IV. Den mit der Vorstellung vom Gottesgnadentum verbundenen Gedanken, Gott schenke den Königen mehr Erkenntnisse als anderen Menschen, nimmt er völlig ernst. Auch deshalb lehnt er entschieden alle Repräsentativverfassungen in Staat und Kirche ab, die seine Macht und Würde begrenzen. Wärmstens unterstützt wird er dabei von einem Professor für Staats- und Kirchenrecht, den er 1840 an die Berliner Universität ruft: von Julius Stahl. Stahl betont die Berechtigung des historisch Gewordenen. Er bezeichnet die Erbmonarchie in Verbindung mit dem traditionellen Ständewesen unter Berufung auf Martin Luther als gottgewollte Gesellschaftsform. Aufklärung und „Demokratismus" sind für ihn Blendwerk der Hölle. „Autorität, nicht Majorität!" ist seine Losung.
Stahl bringt die preußische Staatsideologie auf den Begriff. Die kirchliche Orthodoxie folgt dem auf dem Fuße. Die meisten pro-

testantischen Kirchen- und Staatsmänner sehen Staat, Gesellschaft und Kirche in einem Schicksalsbündnis vereinigt, das durch Familienbande oft noch verstärkt wird. Der landeskirchliche Protestantismus hat die Ideologie des beschränkten Untertanenverstandes, der monarchischen Gesinnung, der militärischen Gesellschaftsordnung, der konservativen Güterherrschaft so vollständig mit seiner Ethik und Dogmatik, mit seinen Institutionen und Sitten verbunden, daß er „als der geistliche Zwilling des konservativ-politischen Systems gelten konnte und auch mit Stolz sich als solcher fühlte". So urteilt später der Theologe und Religionssoziologe Ernst Troeltsch (der trotz seiner herben Kritik von 1919-21 als nebenamtlicher Unterstaatssekretär für evangelische Angelegenheiten im Kultusministerium tätig ist).

Engels, Krummacher und der Kronprinz

Friedrich Engels, der spätere Vorkämpfer der Arbeiterbewegung, wächst in einem gutbürgerlich-christlichen Hause in Barmen auf. Die Städte Elberfeld und Barmen sind Zentrum einer wachsenden Industrialisierung und protestantischer Frömmigkeit. 1821 leben hier mehr als 42.000 Menschen. Im Rheinland hat nur Köln mehr Einwohner. „Mit irdischem Erwerb beschäftigt, die himmlischen Güter nicht außer acht lassend", so charakterisierte schon Goethe, der sich 1774 in Elberfeld aufhielt, das Milieu dieser Gegend.

In der wohlhabenden Fabrikantenfamilie Engels, die zu den angesehensten der Stadt gehört, ist die Bibel das Buch, das auch die Erziehung der Kinder bestimmt. Dabei sind beide Eltern weder engstirnig noch engherzig. Unechte Frömmigkeit ist ihnen fremd. Der Vater, ein weit gereister Kaufmann und Mäzen, bekleidet in der Gemeinde Ehrenämter. Die aus einer Philologenfamilie stammende Mutter ist eine Frau von lebhaftem Temperament mit viel

Sinn für Humor. In der gastfreundlichen Familie wird nicht nur Hausmusik, sondern sogar das sonst in Pietistenkreisen verpönte Theaterspiel gepflegt. Friedrich Engels erlebt hier als ältester von acht Geschwistern eine unbeschwerte Kindheit.

Auch die Schule in Elberfeld, im „Zion der Obskuranten", hat seiner geistigen Entwicklung, wie er selbst später spöttisch einräumt, nicht geschadet. Wenn ein Lehrer einem Quartaner gegenüber Goethe einen „gottlosen Mann" nannte, so ist diese Bemerkung auch nach seinem Urteil nicht repräsentativ für das reformierte Gymnasium, in dem er sich bis zu seinem Abgang durchaus wohlfühlt.

Nur gelegentlich wird dem Vater bei Friedrichs Vorliebe für Ritter- und Räubergeschichten bange „um den übrigens trefflichen Jungen", der Jesus Christus in einem Gedicht bittet, von Seinem Thron herabzusteigen und seine Seele zu retten.

Friedrich Engels, als 19jähriger

Nach seiner Konfirmation meint Friedrich rückblickend: „Ich habe geglaubt, weil ich einsah, so nicht mehr in den Tag hineinleben zu können, weil mich meine Sünden reuten, weil ich der Gemeinschaft mit Gott bedurfte." Große Freude empfindet er darüber, daß er mit Friedrich Plümacher darüber reden kann, einem Schulfreund, der später Pfarrer im Rheinland werden wird.

Auf Wunsch des Vaters, der seinen ältesten Sohn als Geschäfts-nachfolger sehen möchte, verläßt Friedrich ein Jahr vor dem Ab-itur die Schule und beginnt in Bremen bei einer befreundeten Firma eine kaufmännische Lehre. Als Pensionsgast im Haus eines orthodoxen, sozialphilanthropischen Pfarrers gewinnt er Distanz zur Religion, die er im Lauf der Zeit ironisch steigert, so auch in den 1839 unter dem Pseudonym Friedrich Oswald im „Telegraph für Deutschland" veröffentlichten „Briefen aus dem Wuppertal". Da hofft er, in seiner Heimat werde „der Fels des alten Obskuran-tismus dem rauschenden Strom der Zeit nicht immer widerste-hen". Denn dort - so Engels - amtieren die bigottesten Prediger, deren Intoleranz der des Papstes wenig nachsteht: „Da werden komplette Ketzergerichte in den Versammlungen gehalten; da wird der Wandel eines jeden, der diese nicht besucht, rezensiert, da heißt es: der und der liest Romane... oder der und der schien doch auch vor dem Herrn zu wandeln, aber er ist vorgestern im Konzert gesehen - und sie schlagen die Hände über dem Kopf zusammen vor Schreck über die greuliche Sünde."

In den niederen Ständen herrsche ein schrecklicher Mystizis-mus, am meisten unter den Handwerkern. Es sei ein trauriger Anblick, wenn solch ein Mensch gebückten Ganges, in langem Rock, das Haar auf Pietistenart gescheitelt über die Straßen gehe.

Besonders heftig kritisiert er den buchstabengläubigen Pfarrer Friedrich Wilhelm Krummacher. „Wo fördert denn die Bibel wört-lichen Glauben an ihre Lehre, an ihre Berichte?" so fragt er. „Wo sagt ein Apostel, daß alles, was er erzählt, unmittelbare Inspiration ist? Das ist kein Gefangennehmen der Vernunft unter dem Gehor-sam Christi, was die Orthodoxen sagen, nein, das ist ein Töten des Göttlichen im Menschen, um es durch den toten Buchstaben zu ersetzen." So schreibt er seinem Freund Plümacher nach Wupper-tal. Der Abschied vom bisherigen Glauben fällt ihm schwer: „Ich bete täglich, ja fast den ganzen Tag um Wahrheit, habe es getan, sobald ich anfing zu zweifeln -, und komme doch nicht zu Eurem

Glauben zurück... Die Tränen kommen mir in die Augen, indem ich dies schreibe, ich bin durch und durch bewegt, aber - ich fühle es, ich werde nicht verlorengehen, ich werde zu Gott kommen, zu dem sich mein ganzes Herz sehnt." Dem orthodoxen Freund ruft er zu: „Du liegst freilich behaglich in Deinem Glauben wie im warmen Bett und kennst den Kampf nicht, den wir durchzumachen haben... Du kennst den Druck solcher Last nicht, die man mit dem ersten Zweifel fühlt,... aber verblende Dich nicht gegen die Zweifelnden."

Kurze Zeit später fühlt er sich während einer Seereise plötzlich dazu befreit, aus der „enggeschnürten, calvinistischen Orthodoxie in das Gebiet des freien Geistes" hinausfliegen zu können. Seine ganze Aufmerksamkeit richtet sich nun auf die Lebensbedingungen der Menschen in seiner Heimat: „Ein frisches, tüchtiges Volksleben, wie es fast überall in Deutschland existiert, ist hier gar nicht zu spüren; auf den ersten Anblick scheint es freilich anders, denn man hört jeden Abend die lustigen Gesellen durch die Straßen ziehen und ihre Lieder singen, aber es sind die gemeinsten Zotenlieder, die je über branntweinentflammte Lippen gekommen sind; nie hört man eins jener Volkslieder, die sonst in ganz Deutschland bekannt sind und auf die wir wohl stolz sein dürfen. Alle Kneipen sind, besonders Sonnabend und Sonntag, überfüllt, und abends um elf Uhr, wenn sie geschlossen werden, entströmen ihnen die Betrunkenen und schlafen ihren Rausch meistens im Chausseegraben aus."

Die Gründe dieses Elends liegen für Engels auf der Hand: „Zuvörderst trägt das Fabrikarbeiten sehr viel dazu bei. Das Arbeiten in den niedrigen Räumen, wo die Leute mehr Kohlendampf und Staub einatmen als Sauerstoff, und das meistens schon von ihrem sechsten Jahre an, ist grade dazu gemacht, ihnen alle Kraft und Lebenslust zu rauben. Die Weber, die einzelne Stühle in ihren Häusern haben, sitzen vom Morgen bis in die Nacht gebückt dabei und lassen sich vom heißen Ofen das Rückenmark ausdörren. Was von diesen Leuten dem Mystizismus nicht in die Hände gerät, verfällt ins Branntweintrinken."

Das riesige Ausmaß des Elends hat für Engels zweierlei Ursachen: die Ausbeutung in den Fabriken und der pietistische „Mystizismus", dessen Zentrum er in der reformierten Gemeinde Elberfelds und hier besonders in der Person Friedrich Wilhelm Krummachers erblickt.

Schon Goethe hatte dessen veröffentlichte Predigten gelesen und ausführlich kommentiert: „Der Prediger scheint das Seelenbedürfnis seiner Gemeinde dadurch befriedigen zu wollen, daß er ihren Zustand behaglich, ihre Mängel erträglich darstellt." Goethe gewann den Eindruck, daß nicht viel dazu gehöre, die in Handarbeit versunkenen Menschen „in den Schlaf zu lullen". Er fügte, Karl Marx' Rede vom „Opium des Volkes" vorwegnehmend, hinzu: „Man könnte deshalb die Vorträge narkotische Predigten nennen."

Friedrich Engels beschreibt ihn nun Jahre später aus lebendiger Anschauung heraus und bestätigt Goethes Eindrücke, wohl ohne sie zu kennen. Zunächst lobt er ihn als einen Mann „von ausgezeichnetem rhetorischen, auch poetischem Talent". Seine Predigten seien nie langweilig, seine Schilderungen der Hölle stets neu und kühn. Deklamation und Gestikulation seien oft passend und angebracht, zuweilen aber doch sehr maniert und abgeschmackt. „Dann rennt er in allen Richtungen auf der Kanzel umher, beugt sich nach allen Seiten, schlägt auf den Rand, stampft wie ein Schlachtroß und schreit dazu, daß die Fenster klirren und die Leute auf der Straße zusammenfahren. Da beginnen denn die Zuhörer zu schluchzen; zuerst weinen die jungen Mädchen, die alten Weiber fallen mit einem herzzerreißenden Sopran ein, die entnervten Branntweinpietisten, denen seine Worte durch Mark und Bein gehen würden, wenn sie noch Mark in den Knochen hätten, vollenden die Dissonanz mit ihren Jammertönen, und dazwischen tönt seine gewaltige Stimme durch all das Heulen hin,

mit der er der ganzen Versammlung unzählige Verdammungsurteile oder diabolische Szenen vormalt."

Später wird Engels Karl Marx gegenüber mit sarkastischem Ver-
gnügen feststellen, daß Krummacher auf seiner Kanzel vehement
gegen den Kommunismus zu Felde zieht. Er hofft dann, Wuppertals „wilde, heißblütige Färber und Bleicher in Bewegung setzen
zu können" - nicht ohne leise Skepsis: „Wenn man den Kerls nur
den Weg zeigen könnte!"

Ganz anders angetan von Krummachers Botschaft als Goethe
und Engels ist der preußische Kronprinz Friedrich Wilhelm, der
1833 der Stadt Elberfeld mit seiner Gemahlin einen Besuch abstat-
tet. Auf ausdrücklichen Wunsch des hohen Gastes hält der be-
rühmte Kanzelredner einen großen Festgottesdienst, predigt über
den Tempel in Jerusalem und König David, um dann mit kühnem
Schwung Deutschland samt preußischer Monarchie als „Israel der
neuen Bundeszeit" zu preisen: „Ja, Amen, jauchzen wir - schwinge
dich auf, Preußens Adler, auf Fittichen des Glaubens... horste in
dem starken Felsen Christi, und unüberwindlich wirst du sein,
und der Blitz deiner Krone wird die Völker bebend machen!"

Nicht ohne Ahnung, daß ihn die heilige Nüchternheit verläßt,
ermuntert er die „teuren Brüder": „So weiche denn jede hemmen-
de Schwelle jetzt hinweg, und eurer Begeisterung sei der freieste
Raum gegeben. Schart euch frohlockend um den Stuhl des besten
Landesvaters..."
Wer ist gemeint? Der Kronprinz oder dessen Vater? Der Prediger, den
diese Unterscheidung offensichtlich nicht kümmert, bricht in eksta-
tischen Jubel aus: „Lang lebe der König! - Amen, so sei es! ruft die Wol-
kenstimme. So jauchze denn und frohlocke denn, was Odem hat!"

Bei dem großartigen Festmahl, das die Stadt Elberfeld für das
hohe Paar veranstaltet, reißt „Liebe und Verehrung" Krummacher
noch einmal zu einer bilderreichen, von Jubel begleiteten Huldi-
gung hin. Mitten hinein ertönt die Stimme des Kronprinzen: „Krummacher, beten Sie!"

Friedrich Wilhelm Krummacher

In den kommenden Jahren sieht Krummacher in der Kirche mehr und mehr die einzige Rettung für das von Rationalismus und Revolution bedrohte Land. 1844 mahnt er in der Zeitschrift „Palmblätter. Organ für christliche Mitteilungen":

„Ich meine, auch den Ungläubigsten müßten allmählich die Augen darüber aufgehen, daß, wenn es noch ein Heilmittel gebe für die Schäden dieser Zeit, noch ein Band, das die wankende Welt zusammenhalte, noch eine Wetterscheide für das finstere Gewölk des Aberglaubens und des Fanatismus, noch einen Wall wider die drohenden Eruptionen des Communismus,...noch ein schirmendes Gehege um die Heiligkeit der Ehe, um Familienglück, um häusliche und bürgerliche Ordnung und um tausend andere unveräußerliche Güter und Besitzthümer der Menschheit, - dieses

Alles einzig und allein noch in dem Worte des lebendigen Gottes und einer gläubigen Rückkehr zu diesem Worte beschlossen ruhe."

1847 läßt sich der aus dem rheinischen Moers stammende Kanzelredner, der als Student 1817 beim Wartburgfest patriotische Lieder gesungen hatte, als Pfarrer nach Berlin wählen - in die größere Nähe des mittlerweile zum König gekrönten Friedrich Wilhelm. Predigend erhebt er dort seine Stimme gegen die drohenden Anzeichen der Revolution: die „Grundsätze und Richtungen dämonischen Ursprungs, die, wenn sie mit ihren vollen Konsequenzen ins Leben treten, eine Zeit der Verwüstung der Familie in Staat und Kirche heraufführen werden, wie noch keine dagewesen ist, eine Zeit ohne Pietät, Untertänigkeit und Treue, in der jeder regieren und keiner mehr gehorchen will, da mit dem Feldgeschrei der Emanzipation der gottloseste Egoismus in nackter Gestalt sein Wesen treiben und Satanas triumphierend den Anbruch seines Millenniums proklamieren wird."

Dreifacher Fluch und sanfter Geist - die Weber

Ähnlich wie Engels beschreiben auch andere Zeitgenossen das Elend der Arbeiter im Wuppertal. Am schlimmsten sind die Heimarbeiter der Textilindustrie betroffen - auch in anderen Gegenden Deutschlands. Die mechanische Flachsspinnerei in England hat sich so rasant entwickelt, daß sie fünfmal so schnell produziert wie die deutsche und enorme Mengen guten Maschinengarns exportieren kann. Die in dieser Zeit noch nicht organisierten Arbeiter sind erbarmungslosen Lohnkürzungen der Arbeitgeber hilflos ausgeliefert.

In Schlesien wird im Juni 1844 eine verzweifelte Hungerrevolte blutig niedergeschlagen. Heinrich Heine schreibt daraufhin sein Gedicht vom dreifachen Fluch der durch die vorherrschende Form der Religion zusätzlich bedrückten Weber: vom Fluch gegen den

„Götzen", den „König der Reichen" und das „falsche Vaterland".
Das Gedicht endet mit einer düsteren Drohung: „Altdeutschland,
wir weben dein Leichentuch, / Wir weben hinein den dreifachen
Fluch. / Wir weben, wir weben!"

Im Wuppertal schreibt der dort im demokratischen „Politischen
Club" engagierte Handlungsgehilfe Adolf Schults - selbst Sohn
eines Textilarbeiters - ein Jahr später „Ein neues Lied von den
Webern":

...Die Weber haben schlechte Zeit,
Doch wer ist schuld an ihrem Leid?
Was hungern sie nach Fleisch, nach Bier?
Sie sollten zügeln ihre Gier!
Das Sprichwort sagt: Gesalzen Brot
Und Wasser färbt die Wangen rot!...

Die Weber haben schlechte Zeit -
Doch wer ist schuld an ihrem Leid?
Vier Stunden sind zum Schlaf genug,
Drum fragen wir mit gutem Fug:
Wer heißt die Trägen denn um zehn
Am Abend schon zur Ruhe gehn?
Sie sollten hübsch bis zwölfe weben,
so könnten sie gemächlich leben!

Der in Elberfeld erscheinende „Gesellschaftsspiegel", das „Organ zur Vertretung der besitzlosen Klassen und zur Beleuchtung
der gesellschaftlichen Zustände der Gegenwart", bestätigt Schults'
Aussagen in einem von der „Barmer Zeitung" übernommenen
Beitrag über das „gesegnete Wuppertal": „Da bei den jetzigen
Lohnsätzen das ungestört fortgehende Weben höchstens das täglich Brot gewährt, so ist der Weber genöthigt, durch Überarbeiten
die Ausfälle zu decken, welche durch die vielen Störungen,

Hemmnisse und Plackereien entstehen... Er muß daher morgens auf den Hahnenruf aufstehen und bis Mitternacht und wohl darüber arbeiten. Seine Kräfte werden schnell verbraucht, seine Sinne vor der Zeit abgestumpft. Seine Brust kann dem ununterbrochenen Zusammenhocken nicht wiederstehen; die Lungen werden krank, Blutspeien stellt sich ein. Auch seine anderen Glieder erschlaffen und erlahmen, seine Augen ermatten und erblinden. So wird seine ganze physische Person eine frühe Kirchhofsblume."

Im Beitrag des „Gesellschaftsspiegels" wird auch die skandalöse Situation der Kinder beklagt: „Wie das Elend den Vater aus dem Gotteshause hält und ihn an seinen Webstuhl bannt, so hält es dessen Kinder aus der Schule und kettet sie ans Spulrad oder sperrt sie in eine Fabrik ein." Deren Leid empört den Barmer Fabrikantensohn Gustav Reinhart Neuhaus. In den „Rheinischen Jahrbüchern zur

Kinderarbeit im Vormärz

gesellschaftlichen Reform" prophezeit er - ebenfalls 1845 - ihren Aufstand: „Ihr armen Kinder, hilflos, krank und schwach! / Die ihr da duldet hinter der Maschine! / Naht nicht die Hülfe - kommen wird der Tag, / Da werdet ihr zur donnernden Lawine!..."

Im Elberfelder „Täglichen Anzeiger" wird gleichzeitig auf die für das Elend Verantwortlichen hingewiesen:

Prächtige Paläste sind ringsum zu schaun,
Sagt doch, wo mag man sie stattlicher baun?
Staunst du, o Fremdling? so wisse, das hie
Thronen die Fürsten der Industrie!
Weithin über das ärmlichste Haus
Strecken sie segnend ihr Scepter aus...

Ordnung vor allem! so haben wir's gern!
Hüben die Diener und drüben die Herrn!
Mischt man doch niemals das Bier mit dem Wein -
Sollt es im Leben denn anders wohl sein?...
Schwinget den funkelnden, vollen Pokal:
Hoch das gesegnete Wuppertal!

Der preußische Innenminister ist beunruhigt. Er fürchtet, solche Veröffentlichungen könnten dem gemeinen Manne Ansichten über seine Lage beibringen, die ihn „über die Mittel zur Abhülfe mancher Übelstände und Ungerechtigkeiten irre leiten und zur Selbsthülfe aufreizen". Dem für die Pressezensur zuständigen Regierungspräsidenten in Düsseldorf schreibt er, es sei alles zu unterdrücken, was geeignet sei, „solche Ansichten bei der urteilsunfähigen Menge zu erwecken und damit den Fortbestand der öffentlichen Ruhe und Ordnung zu gefährden".

Von den Kirchen hat der Innenminister in dieser Richtung nichts zu befürchten. „Narkotische" Predigten sind an der Tagesordnung, auch in Gedichtform - so etwa im „Reformierten Anzeiger":

Ich schätze meinen Webestuhl
Viel höher als die hohe Schul'!
O Jesu, halte mit mir Schul',
Und wenn ich sitz am Webestuhl,
So unterweise mich fortan,
Zu geh'n auf rechter Lebensbahn!...
Und wenn ich einen Faden bind',
Versetze mich Dein Geist geschwind
Im Glauben hin nach Golgatha,
Wo man Dich liebend sterben sah;
Und wenn mir eine Schnur zerreißt,
So schenk' mir Deinen sanften Geist...
Und wenn alsdann mein Garn ich schlicht',
Sei Jesus meine Zuversicht..."

Gewiß gibt es in Stadt und Kirche neben disziplinierenden Gesetzen und (ver-)tröstenden Worten auch fürsorgliche Taten. Elberfeld kennt eine Armenanstalt und von „Gemeingeist und Bürgersinn" geleitete ehrenamtliche Armenpfleger.

Schon Friedrich Engels' frommer Großvater hatte Wohnhäuser für seine Arbeiter und eine Schule für deren Kinder gebaut sowie auch eine Suppenanstalt eingerichtet.

Der sozial engagierte Elberfelder Pfarrer Ludwig Feldner strebt 1847 in einer Schrift über „Grundzüge der christlichen Armenpflege" aufgrund der Massenarmut („Pauperismus") eine verbindliche Diakonie mit haupt- oder ehrenamtlichen Diakonen für alle Gemeinden an, wobei die Bedürftigen Hilfe zur Selbsthilfe erfahren sollen. Ohne tätige Mitwirkung für ihre eigene Hebung", so Feldner, „giebt es keinen Weg, den arbeitenden Klassen zu helfen." Deshalb solle man Arbeitslosen Arbeit verschaffen, die dann die Chance hätten, Geld für Notfälle und für den Beitritt in Kranken- und Sterbekassen zu sparen.

Fliedners Diakoniewerk in Kaiserswerth

Sozial-karitative Initiativen wie im Wuppertal gibt es auch in anderen Orten der Rheinprovinz, auf lokaler wie auf regionaler Ebene. Der im westfälischen Overdyck sozial aktive Graf Adalbert von der Recke-Volmarstein kauft die alte Trappisten-Abtei Düsselthal und gründet dort 1822 eine „Gesellschaft zur Rettung und Erziehung verlassener Waisen und Verbrecherkinder". In dem ausgedehnten Gebäudekomplex, zu dem Stallungen und Werkstätten gehören, finden auch umherziehende Soldatenkinder eine neue Heimat.

Im selben Jahr beginnt der aus Eppstein stammende einundzwanzigjährige Theodor Fliedner seinen Dienst als Gemeindepfarrer in Kaiserswerth. Angeregt durch das Elend Strafgefangener und das Wirken von Elisabeth Fry, einer Bahnbrecherin der weiblichen Gefangenenfürsorge in England, besucht er Inhaftierte in ihren Zellen und gründet die „Rheinisch-Westfälische Gefängnisgesellschaft", die verbesserte Lebensbedingungen für Sträflinge anstrebt. 1828 gewinnt er die in Düsselthal wirkende Erzieherin Friederike Münster als Fürsorgerin für seine Gefängnisarbeit - und als Ehefrau. Die beiden nehmen eine entlassene Zuchthäuslerin in ihr Gartenhaus auf und kaufen bald darauf ein Haus mit Garten als Asyl für weibliche Strafentlassene. Sie lernen Kinderelend und Prostitution, unversorgte Kranke und Hungernde kennen, aber auch die Not unverheirateter Frauen aus dem Bürgertum. Ihnen allen wollen sie helfen. So reift der Plan für ein Frauenbildungswerk, in dem Unverheiratete eine Aufgabe und Verelendete Pflege finden. 1836 eröffnen sie eine Diakonissenanstalt zur Ausbildung von Kranken- und Armenpflegerinnen, Kinderschwestern und Fürsorgerinnen.

Finanzmittel müssen oft mühsam erbettelt werden. Wenn Theodor Fliedner zu diesem Zweck im In- und Ausland unterwegs ist, wird seine Frau, inzwischen auch Leiterin einer Krankenanstalt, zu seiner souveränen Stellvertreterin. Ihr widerstrebt das geradezu preußische Ordnungsprinzip, mit dem ihr Mann das Diakoniewerk führt. Bei aller Liebe wehrt sie sich immer wieder gegen seinen autoritären Anspruch, betont das schwesterliche Miteinander in den Häusern, ringt um eine Gestaltung aus der Freiheit des christlichen Glaubens heraus.

Friederike Fliedner

Nachdem der karitativ engagierte Kronprinz 1839 das Diakoniewerk besucht hat, bindet sich der Wahlpreuße Fliedner noch mehr an den Hohenzollernthron, reist immer wieder - bis 1857 achtundzwanzigmal - nach Berlin, um bei König und Ministerien Unterstützung für seine Arbeit zu erlangen, die ihm gerne gewährt wird. Friedrich Wilhelm IV. zieht ihn sogar bei seinen eigenen Plänen als Berater hinzu.

Friederike Fliedners freiheitlichere Gestaltungskraft wird von vielen Frauen mehr und mehr vermißt; sie ist nach rastloser, weit über Kaiserswerth hinausreichender Tätigkeit 1842 an den Folgen einer zu frühen Entbindung gestorben, nachdem sie zehn Kinder getragen hat, von denen nur fünf lebensfähig blieben.

Theodor Fliedner

Schon bald nach ihrem Tod sucht der Witwer die ihm, den Kindern und dem Werk gerissene Lücke zu schließen. Als er im Auftrag des Königs ein Hamburger Krankenhaus besucht, um die dort wirkende Amalie Sieveking als Vorsteherin für ein in Berlin

Caroline Fliedner

geplantes Diakonissenhaus zu gewinnen, bleibt er zwar bei diesem Vorhaben erfolglos, nicht aber bei seiner Werbung um Caroline Bertheau, die Oberaufseherin der Frauenabteilung des Krankenhauses.

Die elf Jahre Jüngere, die er in seinen Briefen gern als „Mein liebes teures Kind" anredet, ist ihm leidenschaftlich zugetan und ordnet sich ihm in Kaiserswerth bewundernd unter. Die durch Friederike Fliedner gewonnene freiheitlichere Gestaltungskraft schwindet. Der preußische Einfluß wächst, als Friedrich Wilhelm IV. erneut Kaiserswerth besucht und seiner Freude über die dort erzielten Fortschritte lebhaften Ausdruck gibt. Im preußischen Staat findet Fliedner mehr und mehr das Modell für sein eigenes Werk. Alle Mitarbeiterinnen, auch seine Frau als Vorsteherin, müssen laut Dienstanweisung nach oben Gehorsam leisten, nach unten fordern. Diese Tendenz wird sich nach der Märzrevolution von 1848 nur noch verstärken.

Kinkel und Marx

Der im rheinpreußischen Entstehungsjahr 1815 in Oberkassel geborene Gottfried Kinkel ist das Musterbeispiel eines streng erzogenen Pfarrersohnes, der schließlich aus orthodoxen Bahnen ausbricht und sich auch politisch radikalisiert. „Im Elternhaus", so resümiert er später, „wurde alle weltliche Lebensfreude mit irgendeiner Bibelstelle totgeschlagen." Erst während des Studiums in Berlin gelingt es ihm unter dem Einfluß des Theologen Schleiermacher, sich innerlich zu befreien. Er entdeckt seine Liebe zur Kunst, genießt Theater und Ausstellungen. Nach einigem Zögern promoviert er doch noch an der theologischen Fakultät in Bonn, wird Privatdozent, zu dem die Studenten in Scharen strömen, veröffentlicht Predigten und die Ergebnisse seiner Vorlesungen. Sein kärgliches Gehalt bessert er als Religionslehrer in Bonn und als Hilfsprediger in Köln auf.

Als er seine zukünftige Frau kennenlernt, beschleunigt sich sein Abschied von Theologie und Kirche. Die fünf Jahre ältere, hochbegabte Johanna Matthieux komponiert, dirigiert, spielt Klavier und dichtet. Aus der Enge des Bonner katholischen Elterhauses hat sie sich in die Ehe mit einem Kölner Musikalienhändler geflüchtet, der sich allerdings als wahrer Haustyrann erwies. Sie verließ ihn, siedelte nach Berlin über, lebte dort im Hause Bettine von Arnims und kehrte nur nach Bonn zurück, um sich dort nach quälend langer Wartezeit scheiden zu lassen.

Die Bekanntschaft mit Gottfried Kinkel inspiriert beide zu Gedichten und Liedern, Dramen und Singspielen. Ein literarisch-musikalischer Zirkel („Maikäfer"-Bund) entsteht, in dem später herausragende Personen wie Karl Simrock und Jacob Burckhardt freundschaftlich mitwirken.

Daß die Initiatoren des Zirkels ihre Liebe zueinander entdecken, fällt auf. Theologieprofessoren setzen den noch mit einer anderen Frau Verlobten unter Druck, den Kontakt mit Johanna abzubrechen. Kinkel ist befremdet und empört.

Bald läuft die protestantische Inquisitionsmaschine auf vollen Touren. Als nächstes wird ihm die Stelle des Religionslehrers, dann die des Hilfspredigers in Köln gekündigt.

Der hier formal korrekt und kalt Verabschiedete ist tief verletzt, gleichzeitig aber auch zu einer kritischen Analyse kirchlicher Strukturen herausgefordert. Die Wahlen zum Kirchenvorstand in den Gemeinden seien nicht repräsentativ, weil sich da nur die Strenggläubigen zusammenscharten. Auch protegierten die Pfarrer nur Leute, von denen sie keine Opposition zu befürchten hätten. „Hier grade so gut wie im Staate haben wir eine Minoritätsherrschaft."

Die Kölner Entscheidung zieht ihre Kreise. Überall stoßen Johanna und Gottfried Kinkel jetzt auf verschlossene Türen. Als die beiden 1843 heiraten, bekommen sie Abneigung, Verachtung, ja Haß zu spüren.

Sie ist vor ihrer Heirat mit halbem Herzen zum Protestantismus übergetreten. Jetzt wächst ihre Skepsis. Der ganze, auf Dogmen fixierte Offenbarungsglaube wird ihr mehr und mehr fragwürdig. Sie hält Christus schlicht „für einen natürlich erzeugten und geborenen Menschen, aber den trefflichsten, der je gelebt hat". Allem Wunderglauben gibt sie nicht ohne Wehmut den Abschied. Ausdrücklich verwahrt sie sich gegen den Atheismus-Vorwurf, hält an Gott als Urgrund alles Geschaffenen fest. Nähere Fixierungen lehnt sie dabei ab, plädiert für Toleranz jeder menschenfreundlichen Religion gegenüber. Religiöse Aufdringlichkeit ist für sie ebenso verwerflich wie Arroganz gegenüber Skeptikern: „Wenn Gott überall ist, so muß er auch in den Atheisten und Verkehrtheiten stecken."

Diese Auffassungen müssen sich zwangsläufig auf ihr Verhältnis zur verfaßten Kirche auswirken. Aufgrund ihrer eigenen und ihres Mannes Erfahrungen erscheint ihr diese Kirche je länger je mehr als „die Karikatur ihres Stifters". „Kann ich," so fragt sie sich, „den Stifter ohne sie erfassen oder nur mit der unsichtbaren Kirche, die aus den gleichgesinnten Geistern besteht, warum soll ich dann den Schlamm und Schutt mit fortschleppen, der sich angehängt hat?"

Auch ihr Mann entfernt sich im Lauf der Jahre immer weiter von der Religion, die im protestantischen Preußen als die allein wahre proklamiert wird. Ihm erscheint sie als „mottenfräßig" und „vermufft". In seine Vorlesungen über Kirchengeschichte hat er längst Kultur und Kunst einbezogen. Jesus ist für ihn der exemplarische Mensch, in dem sich Güte und Schönheit gleichermaßen verkörpern. Er ist „höchster Meister der Lehre und edelstes Vorbild der Tat". Dem Christentum billigt er nur dann eine Überlebenschance zu, wenn es „begreifen lernt, daß es nur als Religion, nicht als Staats- und Kunstprinzip Geltung haben darf".

1840 begrüßen Johanna und Gottfried Kinkel noch enthusiastisch den Regierungsantritt Friedrich Wilhelms IV., des „Romantikers auf dem Thron", geraten aber aufgrund seiner repressiven Maßnahmen rasch in innere Opposition. Sie verstärkt sich noch durch Kontakte mit politischen Kreisen in Köln, mit dem schon seit Jahren befreundeten Ferdinand Freiligrath - und mit Karl Marx.

Kinkel und Marx erweisen sich anfänglich als verwandte Geister. Beide wurden in ihrer Jugend religiös beeinflußt, Gottfried streng pietistisch, Karl eher liberal, nachdem seine Eltern vom Judentum zum Protestantismus konvertiert waren.

Als Student in Berlin setzte Marx sich - genau wie Kinkel - mit der überlieferten Religion auseinander und bemühte sich in Anlehnung an Hegel um eine „philosophisch-dialektische Entwicklung der Gottheit, wie sie als Begriff an sich, als Religion, als Natur, als Geschichte sich manifestiert".

Den Weg, „im Wirklichen selbst die Idee zu suchen", hat Marx früher als Kinkel beschritten. Er verfolgt ihn dann weiter - mit Studien über „Religion und Kunst mit besonderer Beziehung auf christliche Kunst".

1842 leben beide in Bonn - ohne sich zu begegnen. Nach monatelangen vergeblichen Bemühungen um einen Lehrauftrag an der preußisch kontrollierten Universität nimmt Marx von akademischen Hoffnungen Abschied, wird Korrespondent, wenig später Chefredakteur der von liberalen Kölner Bürgern gegründeten „Rheinischen Zeitung" und tritt dort für Pressefreiheit ein.

Kinkel schreibt schon seit Jahren Artikel für die Augsburger „Allgemeine Zeitung" und andere Blätter. Die massenhafte Auswanderung vom Elend bedrohter Weinbauern an der Ahr treibt ihn zu sozialkritischen Schilderungen, die er später als Reiseführer veröffentlicht. Er fragt nach den Ursachen der Armut und kommt zu dem Schluß: „Die Umstände, nicht die Menschen sind an dem Unglück schuld."

Marx hat das Elend der Weinbauern an der Mosel kennengelernt. Der Deutsche Zollverein unter preußischer Führung hat es für sie immer schwieriger gemacht, sich gegen die Konkurrenz billiger

Weine aus Süddeutschland zu behaupten. Marx hört, daß der Zensor eine offizielle Klage der Bürgermeister der betroffenen Städte unterdrückt - und zitiert sie daraufhin in der „Rheinischen Zeitung". Dem Gebiet an der Mosel sei "durch die Handelsverträge mit Deutschland der Todesstoß gegeben". Diese und ähnliche Kritiken führen im März 1842 zum Verbot der Zeitung.

Zu diesem Zeitpunkt steht Marx kommunistischen Ideen noch skeptisch gegenüber. „Wir treten nicht der Welt doktrinär mit einem neuen Prinzip entgegen: Hier ist die Wahrheit, hier kniee nieder!" schreibt er. Es gehe um „Reform des Bewußtseins nicht durch Drogen, sondern durch Analyse des mystischen, sich selbst unklaren Bewußtseins, trete es nun religiös oder politisch auf. Dann würde sich zeigen, „daß die Welt längst einen Traum von einer Sache besitzt, von der sie nur das Bewußtsein besitzen muß, um sie wirklich zu besitzen". Die preußische Herrschaft führe „zu einem Bruch innerhalb der jetzigen Gesellschaft, den das alte System überhaupt nicht zu heilen vermag, weil es überhaupt nicht heilt und schafft, sondern nur existiert und genießt." Einmischung in die praktische Politik sei erwünscht: „Es hindert uns also nichts, unsere Kritik in die Kritik der Politik, an die Parteinahme in der Politik, also an wirkliche Kämpfe anzuknüpfen und uns mit ihnen zu identifizieren."

Aufgrund seiner veröffentlichten Kritik muß er emigrieren, wird in Paris von der preußischen Polizei als politischer und antichristlicher Aufrührer denunziert. Allein schon seine Schrift „Die Kritik der Hegelschen Rechtsphilosophie", ist für den preußischen Staat unerträglich. Darin heißt es: „Dieser Staat, diese Sozietät produzieren die Religion, ein verkehrtes Weltbewußtsein, weil sie eine verkehrte Welt sind." Ein verkehrtes Bewußtsein - aber nicht ohne Gefühl und Widerstandskraft: „Das religiöse Elend ist in einem der Ausdruck des wirklichen Elendes und in einem die Protestation gegen das wirkliche Elend. Die Religion ist der Seufzer der bedrängten Kreatur, das Gemüt einer herzlosen Welt, wie sie der Geist geistloser Zustände ist. Sie ist das Opium des Volkes. ... Die Kritik der

Religion endet mit der Lehre, daß der Mensch das höchste Wesen für den Menschen sei, also mit dem kategorischen Imperativ, alle Verhältnisse umzuwerfen, in denen der Mensch ein erniedrigtes, ein geknechtetes, ein verlassenes, eine verächtliches Wesen ist." Seine von der französischen Revolution inspirierte Zukunftsvision verkündet Marx in religiöser Sprache: „Wenn alle inneren Bedingungen erfüllt sind, wird der deutsche Auferstehungstag verkündet werden durch das Schmettern des gallischen Hahns."

Nach seiner Vertreibung aus Paris verfaßt Marx in Brüssel seine „Thesen über Feuerbach". Die Erzieher müßten erzogen werden, fordert er. Die Veränderung der Umstände sei nicht ohne Selbstveränderung möglich. Erst beides zusammen mache die revolutionäre Praxis aus. Zum Schluß formuliert er jene These, die Weltberühmtheit erlangen soll: „Die Philosophen haben die Welt nur verschieden interpretiert; es kömmt darauf an, sie zu verändern." Er nähert sich mehr und mehr einem systematisch durchdachten Kommunismus, gründet 1846 ein „Kommunistisches Korrespondenten-Komitee" als geplante Informationszentrale für die sozialistische und demokratische Bewegung in Europa und nimmt zugleich Einfluß auf den überwiegend von emigrierten deutschen Handwerkern gegründeten „Bund der Gerechten", der ein Jahr später in London zum „Bund der Kommunisten" ausgeweitet wird. Sein Motto: „Proletarier aller Länder vereinigt euch!"

Kinkel hat sich zu diesem Zeitpunkt bereits der Marxschen Religionskritik genähert. Ein großartiges Kunstwerk, so formuliert er abseits aller Dogmatik, erweise mehr geist- und lebenerzeugende Kraft als alle Folianten des heiligen Thomas von Aquin.

Was Marx theoretisch fordert, versucht der leidenschaftliche Pädagoge und Kunsterzieher zu praktizieren. „Die Politik der Gegenwart riß mich ins moderne Leben und die neuere Geschichte hinein", so erinnert er sich später in seiner Autobiographie. „Alle im strengen Sinne gelehrten Forschungen ließ ich mehrere Jahre beiseite und suchte dafür im wirklichen Leben heimisch zu werden."

Das „tolle Jahr"

Die Märzereignisse des Jahres 1848 lösen in Deutschland die widersprüchlichsten Erkenntnisse und Empfindungen aus. Für die einen eröffnen sie den Fortschritt der Menschheit, für andere das Tor zur Hölle. Viele sind froh, wenn das „Chaos" oder die „Unruhe" dieser Zeit an ihnen vorübergeht.

Im Eifel-Ort Schleiden schreibt der evangelische Pfarrer David Küllenberg in seinen „Memorabilia": „Vom 18. bis 19.3.1848 wurde in Berlin die Revolution vollbracht, das absolute Königtum durch den Sieg der Bürger über die Truppen aufgehoben, tags darauf das konstitutionelle Königtum vom König proklamiert, der sich zugleich unter dem alten Reichsbanner (schwarz-rot-gold) als deutscher König an die Spitze des deutschen Volkes stellt."

Küllenberg ist einer der ganz wenigen evangelischen Pfarrer, der sich in diesem Zusammenhang unerschrocken, ja enthusiastisch äußert: „Welch ein Jahr, das Jahr 1848! Welches Jahr in der Vergangenheit läßt sich mit demselben an außerordentlichen und bedeutungsvollen Ereignissen vergleichen! Eine neue Zeit ist unter den gewaltigsten Erschütterungen angebrochen, eine Zeit, die, wenn nicht alles trügt, eine neue Epoche der Geschichte der europäischen Menschheit begründen wird."

Küllenberg denkt gemäßigt liberal, hofft auf eine bessere Zukunft in preußisch-festen Bahnen und ist froh, daß in seiner Umgebung republikanische oder gar kommunistische Umtriebe ausgeblieben sind: „Hier im Kreise Schleiden sind in diesem Jahr nur höchst unbedeutende Störungen der öffentlichen Ordnung vorgefallen. Auch zu der Zeit, wo das Gesetz nicht mehr gehandhabt wurde, machte sich hier im Volke ein gesetzlicher Sinn geltend und wehrte Exzessen".

Im Nachbarort Gemünd bleibt es nicht ganz so ruhig. Der Pfarrer und Chronist Julius Otto Müller bemerkt 1897 in seinem Buch „Aus den Eifelbergen", damals habe sich anläßlich der Zertrümmerung eines mittelalterlichen Marterwerkzeugs ein „Revolutiönchen" angebahnt, aber das gemeinsame Auftreten des evangelischen wie des katholischen Geistlichen habe auf das „in dem tollen Jahr nach jeder Richtung leicht entzündliche Volk" mäßigend gewirkt.

In den meisten evangelischen Gemeinden der Rheinprovinz ist man heilfroh, mit den Ereignissen des „tollen Jahres" überhaupt nicht in Berührung gekommen zu sein. In Werden an der Ruhr zum Beispiel herrschen zwar bis zur Bildung einer Bürgerwehr - so ein späterer Chronist - „geradezu anarchische Zustände", aber „das Gemeindeleben wurde dadurch nicht weiter berührt; es ging weiter seinen ruhigen Gang." Ähnlich erleichtert äußert sich noch 1927 ein Chronist in Linnich: „Große politische und kirchenpolitische Ereignisse berührten das Leben der Gemeinde in immer geringerem Maße. Sie durfte ihr stilles, gesundes Leben führen..."

Wie „gesund" aber ist das Leben in Kirche und Gesellschaft in dieser Zeit wirklich?

Die Kölner „Märzforderungen"

Still ist das Leben in der preußischen Rheinprovinz in diesen Wochen ganz und gar nicht. In der Bevölkerung gärt es. In Köln werden Forderungen nach einer freieren Verfassung und nach Verwirklichung der ersehnten deutschen Einheit laut. Der Unternehmer Gustav von Mevissen, ehemals Mitgründer der „Rheinischen Zeitung" und nun liberaler Wortführer beim Rheinischen Provinziallandtag, befürchtet eine aufrührerische Beeinflussung der „niederen Volksklassen" durch die „Wühlereien der Kommu-nistencliquen". Ein Regierungsspitzel berichtet seinen Auftraggebern Anfang März von geheimen Zusammenkünften in dem als Versammlungsraum eingerichteten Pferdestall eines Gastwirts, an denen mehr als 130 Personen teilnahmen.

Am 3. März zieht eine große Volksmenge mit dem Armenarzt Dr. Andreas Gottschalk an der Spitze zum Rathaus, um den dort tagenden Gemeinderat zur Annahme von „sechs Forderungen des Volkes" zu bewegen, die als Flugblätter bereits von Hand zu Hand gehen:

„1. Gesetzgebung und Verwaltung durch das Volk. Allgemeines Wahlrecht und allgemeine Wählbarkeit in Gemeinde und Staat.

2. Unbedingte Freiheit der Rede und der Presse.

3. Aufhebung des stehenden Heeres und Einführung einer allgemeinen Volksbewaffnung mit dem vom Volke gewählten Führern.

4. Freies Vereinigungsrecht.

5. Schutz der Arbeit und Sicherstellung der menschlichen Lebensbedürfnisse für alle.

6. Vollständige Erziehung aller Kinder auf öffentliche Kosten."

Als 7. Punkt findet sich auf einigen Exemplaren noch die Forderung „Friede mit allen Völkern".

Gottschalk appelliert an das Gerechtigkeitsempfinden und die Klugheit des Stadtrats und fordert ihn als „Bevollmächtigter der arbeitenden Klassen" auf, sich die Forderungen des Volkes zueigen zu machen. Die inzwischen ins Rathaus nachgerückte Volksmenge verlangt eine sofortige Beratung der Punkte und läßt sich weder durch den Bürgermeister noch durch die sympathisierenden Stadträte Karl Ludwig D'Ester oder Franz Raveaux beschwichtigen.

Der liberal gesinnte evangelische Ratsherr und Unternehmer Gustav v. Mallinckrodt kommentiert die turbulenten Ereignisse in einem Brief an seinen Sohn: „...Die Stühle wurden zerbrochen, Fenster eingeschlagen, und D'Ester, der (selbst Mitglied des Stadtrats, von dem man sagt, daß er die Bewegung hervorgerufen) nun finden mochte, daß ihm dieselbe über den Kopf gewachsen, soll gezittert haben wie Espenlaub. Da erbat sich dann der Stadtrat Zeit zur Beratung, worauf die Meuterer sich zurückgezogen haben unter der Bemerkung, daß sie warten würden, wenn es auch Morgen darüber werden sollte."

Der Stadtrat weist nun Gottschalk, der auf Abstimmung über die sechs Forderungen des Volkes drängt, darauf hin, daß man bereits eine ähnlich lautende - allerdings von einer Minderheit nicht mitgetragene - Petition an den Landtagsabgeordneten Ludolf Camphausen abgesandt habe. Gottschalk weigert sich, sie vor dem Volk zu vertreten. Sie sei viel zu ungenau. Es gehe um unbedingte Pressefreiheit, nicht nur um die Aufhebung der Zensur, die ja durch scharfe Pressegesetze wieder eingeschränkt werden könne. Auf den Vorwurf, er gehe zu weit, er verlange ja die Republik, entgegnet Gottschalk, er sei für „Monarchie mit demokratischer Grundlage, mit Beteiligung des ganzen Volks an der Gesetzgebung und Vertretung". Erst wenn die bisherigen Stände alle Standesvorurteile ablegten und das Proletariat „mit offener Brüderlichkeit umfangen und seine Kinder als die Ihrigen" betrachten würde, gebe es eine Zukunft für das deutsche Volk.

Inzwischen sind die Forderungen des Volkes auf dem Rathausplatz vorgelesen und erläutert worden. Da marschiert plötzlich Infanterie auf, vertreibt die Menge, verhaftet einige „Rädelsführer" und löst Unruhe im Rathaus aus, das deshalb vom Militär geräumt wird.

Mallinckrodt berichtet seinem Sohn: „...Auf dem Rathausplatz wurden fulminante Reden gehalten, bis gegen 9 Uhr ein Bataillion des 16. Regiments anrückte. Nun stob alles auseinander in solcher Eile, daß mehrere Personen zertreten, mehr oder minder verwundet sind. Ein Teil drang aber in das Stadthaus und in den Saal, rufend: 'Ihr habt uns verraten; ihr wollt uns ermorden lassen!' Gleichzeitig brachte man auch einen Menschen für tot in den Saal und rief: 'Bürgerblut geflossen, mit 3 Bajonettstichen getötet.'

Der Stadtrat beruhigte die Masse mit der Versicherung, daß ihnen nichts geschehen solle, sie sollen sich nur ruhig halten, und gleichzeitig wurde von den anwesenden Ärzten die Leiche untersucht, an der indes keine Wunde zu finden war, nur einige Quetschungen; und da sich auch noch Leben in derselben fand, so wurde sofort Anstalt getroffen, sie ins Spital zu schaffen. Auf der Straße, in der frischen Nachtluft, erholte sich der Mann indes von seiner tiefen Ohnmacht und lief bald darauf weg. Schlimmer war's bei diesem Anlauf einigen ängstlichen Stadträten gegangen, deren einige zum Fenster hinausgesprungen, von denen einer, Bourel, beide Beine gebrochen hat, das eine gar zweimal..."

Die Empörung über die vorgenommenen Verhaftungen ist groß. Protestierende Abordnungen des Stadtrats und einer Bürgerversammlung an den Polizeidirektor und den Oberpräsidenten bleiben vorerst erfolglos. (Doch die Freilassung erfolgt zwei Wochen später.)

Zwölf Mitglieder des Stadtrats, angeführt von D'Ester und Raveaux, fahren mit den Kölner „Märzforderungen" - den ersten in Deutschland! - zum preußischen König nach Berlin.

Der König ist aufgrund der turbulenten Ereignisse für sie unerreichbar. Statt dessen werden sie hier Augenzeugen des Zeitgeschehens.

Die Staatsgewalt in Wien und Berlin

Die Februarrevolution in Frankreich wirkt sich auch in Deutschland aus. Der bisher aus Fürsten bestehende Frankfurter Bundestag zieht in den ersten Märztagen die bisher von ihm geächtete schwarzrotgoldene Fahne auf, um derentwillen schon hunderte Patrioten ins Gefängnis kamen. Am 5. März 1848 beschließen einundfünfzig Liberale, Männer des öffentlichen Vertrauens aus allen Teilen Deutschlands zur Bildung eines deutschen Parlaments nach Frankfurt einzuladen. Bisher sind friedliche parlamentarische Forderungen oder Aktionen an den Regierungen abgeprallt. Am 13. März kommt es jedoch bei einer Demonstration von Arbeitern und

Studenten in Wien zu Blutvergießen, als Militär auf die unbewaffnete Menge schießt. Die Aufständischen fordern allgemeine Bewaffnung und die Entlassung des mächtigen Staatskanzlers Fürst Metternich. Aus Furcht, die Soldaten könnten zum Volk überlaufen, opfert die Hofkamarilla den verhaßten Kanzler, erlaubt eine Nationalgarde und lockert die Pressezensur. Zwei Tage später wird den Menschen in Österreich eine Verfassung versprochen.

In den Tagen zuvor sind in ganz Süddeutschland die Bauern aufgestanden. Die in Heidelberg erscheinende „Deutsche Zeitung" meldet ebenso entsetzt wie einsichtsvoll: „Der Bauernkrieg ist förmlich wieder entbrannt. Das schreckliche Losungswort: Krieg den Schlössern! ist bereits durch Einäscherung einer Zahl derselben durch bewaffnete Banden von Bauern zur greuelhaften Wirklichkeit geworden. Der Aufstand ist da entbrannt, wo auch der Druck der Feudallasten am unerträglichsten war."

In Sachsen erzwingen die Leipziger Demokraten unter Führung des in Köln geborenen Theaterkassierers und Schriftstellers Robert Blum vom König die Einsetzung einer liberalen Regierung.

In Bonn hält Gottfried Kinkel, flankiert von den alten Freiheitskämpfern Ernst Moritz Arndt und Friedrich Christoph Dahlmann, am 18. März auf der Freitreppe des Rathauses eine begeisternde Rede. Der mit ihm befreundete demokratische Studentenführer Carl Schurz - später Mitarbeiter Abraham Lincolns und amerikanischer Innenminister - schildert die Szene in seinen „Lebenserinnerungen": „Er sprach mit wundersamer Beredsamkeit in den vollsten Orgeltönen seiner Stimme von Freiheit und den Rechten des deutschen Volkes, die von den Fürsten bewilligt oder vom Volke erkämpft werden müßten. Und als er zuletzt die schwarz-rot-goldene Fahne schwang und der freien deutschen Nation eine herrliche Zukunft voraussagte, da brach eine Begeisterung aus, die keine Grenzen kannte. Man klatschte in die Hände, man schrie, man umarmte sich, man weinte. Im Nu war die Stadt mit schwarz-rot-goldenen Fahnen bedeckt."

Angriff der Kavallerie auf das Volk vor dem Schloß in Berlin am 18. März 1848.

Am selben Tag kommt es in Berlin zu einer Massenkundgebung vor dem Schloß, nachdem der König zwar Reformen verprochen hat, aber gleichzeitig Truppen aufmarschieren ließ. Es beginnt ein dreizehnstündiger Straßenkampf, bei dem etwa zweihundert Bürger, meist Handwerker, Arbeiter und Studenten getötet werden. Der König sieht sich gezwungen, die Truppen aus der Stadt abzuziehen und die Särge mit entblößtem Haupt zu grüßen. Bei der Beerdigung spricht neben einem katholischen Pfarrer und einem Rabbiner auch der evangelische Pastor Adolf Sydow. Die Getöteten, sagt er, seien „gefallen für die Zukunft eines in Gottesfurcht, Verstand und Sitte zur Freiheit gereiften Volkes". Eine unheilvolle Wolke zwischen Volk und König habe dessen sonst so klaren Blick in Täuschung gehalten. Seine Aufforderung zu gegenseitiger Vergebung schließt Sydow mit dem Satz: „Scharen wir uns drum in treuem vaterländischem Sinn um unsern teuren König!"

Trotz dieses Treuebekenntnisses wird ihm in einer Kirchenzeitung vorgeworfen, er habe „vom Taumelbecher des Zeitgeistes getrunken" und „offene Empörung" von Amts wegen sanktioniert.

Doch Sydow bleibt ungeschoren. Dagegen wird ein Oberprediger aus dem brandenburgischen Kremmen, der in einer Veröffentlichung um Verständnis für demokratische Formen des gewaltfreien Widerstandes in Notsituationen wirbt, zwei Jahre später amtsenthoben, sein Gnadengesuch von Friedrich Wilhelm IV. abgelehnt.

Während sich Kronprinz Wilhelm - wie Metternich - im März vorübergehend nach London zurückzieht, verkündet der König mit schwarzrotgoldner Schärpe, er wolle sich an die Spitze des konstitutionellen Deutschland stellen, Preußen solle in Deutschland aufgehen. Er verspricht die Einberufung einer preußischen Nationalversammlung zur Beratung einer Verfassung und betreibt gleichzeitig ebenso wie die Regierungen im übrigen Deutschland die Aufstellung von „Bürgerwehren".

„Die Bewaffnung der Bürger wird mit Eifer und großer Ausdehnung betrieben", schreibt am 20. März der Liberale Otto Camphausen an seinen Bruder Ludolf, Bankier in Köln, der wenig später preußischer Ministerpräsident wird, aus Berlin. „Gebe Gott, daß sie vollendet sei, bevor die Masse das Gelüste ergreift, sich ebenfalls Waffen auszubitten!"

Die Regierung Camphausen betont, sie werde sich für die vom König gnädigst in Aussicht gestellten Reformen einsetzen, dessen Wille nach wie vor oberstes Gesetz sei. Das gutsituierte Bürgertum, das vor weitergehenden sozialen Forderungen der Arbeiter mehr Furcht hat als vor königlicher Willkür, verhält sich passiv.

... So helfe dir nun Gott, Tyrann!
Erstochen und erschossen!
Und abwärts durch die Straßen rann
Ihr Blut in allen Gossen

50

Arbeiterblut, Studentenblut -
Wir knirschten mit den Zähnen,
Und in die Augen treibt die Wut
Uns seltne Männertränen! …

Wir rücken an in kalter Ruh',
Wir beißen die Patrone,
Wir sagen kurz: Wir oder du!
Volk heißt es oder Krone …

Wir treten in die Reiseschuh',
Wir brechen auf schon heute!
Nun, heil'ge Freiheit, tröste du
Die Mütter und die Bräute …

(Ferdinand Freiligrath: Berlin, Lied der Amnestierten im Auslande)

Preußisch-pastorale Loyalität

Die meisten Protestanten in der Rheinprovinz beschwören die
Treue zum preußischen Königshaus, so etwa in Elberfeld Pastor
Immanuel Sander. Der gebürtige Sachse ist während seines Studiums in Leipzig durch Wuppertaler Messebesucher motiviert worden, sich in ihrer Heimatstadt zu bewerben. Sander hat bereits am
9. März Unterschriften gegen demokratische Forderungen gesam-
melt, die der Rat der Stadt dem König gestellt hatte. Trauerfeiern
für die Märzgefallenen in Wuppertals Kirchen kann er freilich
nicht verhindern, dafür aber außerordentliche Bußtage in seiner
lutherischen Gemeinde durchsetzen. An einem solchen Tag klagt
er darüber, daß „die Elementarkräfte des Volkes" losgelassen sei-
en: „es sind die wild-chaotisch durcheinanderbrausenden , die die

heiligen, von Gott gestifteten Ordnungen zerreißen möchten... Wird dieser Strom aus finsteren Abgründen noch alles mit sich fortreißen? Wird das Maul, das so ungescheut die Majestäten lästert und wider den Gott im Himmel so steif, stolz und höhnisch redet, so ungestraft fortreden und alles vernichten?"

Sander mahnt Stärke bei Seiner Majestät dem König an. Dessen Glanz verberge sich derzeit „zum großen Teil hinter verantwortlichen Ministern". Unter den Abgeordneten der Nationalversammlung, deren Eröffnung unmittelbar bevorsteht, hat er „Gegner des biblischen Christentums" ausgemacht, äußert Verachtung auch über Polen, Italiener und Juden, „die jetzt Minister werden können". Im bergischen Radevormwald stoßen die beiden Pfarrer Ernst Friedrich Ball und Daniel Gottlieb Müller ins gleiche Horn - wenn auch ohne fremdenfeindliche Töne. Im Leitartikel der von ihnen herausgegebenen Monatsschrift „Stimmen aus und zu der streitenden Kirche" erklären sie im März, während weithin noch Betroffenheit über die Toten von Berlin vorherrscht: „Wessen Werk der Aufruhr und wessen Kinder die sind, welche die Majestäten lästern und die Herrschaften verachten, brauchen wir denen nicht zu sagen, welche wissen, daß der Teufel der erste Aufrührer wie der erste Mörder ist."

Die orthodoxen Verdammungsurteile stehen in der preußischen Rheinprovinz im Einklang mit kirchenamtlichen Verlautbarungen. In Koblenz, dem Sitz des Oberpräsidiums wie des landeskirchlichen Konsistoriums, erhebt Generalsuperintendent Johann Abraham Küpper seine warnende Stimme.

Küpper stammt aus Elberfeld. Er war Pfarrer in Mettmann und Iserlohn, Regierungs-, Schul- und Konsistorialrat in Trier, bevor er dort in seiner Eigenschaft als nebenamtlicher Religionslehrer am Gymnasium Abiturienten unterrichtete, unter ihnen auch Karl Marx, dessen Aufsatz für die Reifeprüfung („Die Vereinigung der Gläubigen mit Christo nach Joh. 15,1-14, in ihrem Grund und Wesen, in ihrer unbedingten Notwendigkeit und ihren Wirkungen dargestellt") er „lobenswert" fand.

Inzwischen liegen Welten zwischen dem Koblenzer General-superintendenten und dem Wegbereiter des Weltkommunismus. Der von Schleiermacher beeinflußte und durchaus nicht buchstabengläubige rheinische Oberhirte lehnt jegliche demokratischen oder gar revolutionären Tendenzen kategorisch ab. Daß man der Regierung Unterdrückung der Volksfreiheit vorwirft, bezeichnet er als üble Verleumdung. Es bedurfte nicht ministerieller Ermahnung, sein Rundschreiben an die Geistlichen vom 23. März „mit dem Ausdruck des Gefühls" auszustatten; Küpper ist ohnehin stark motiviert, seine Pfarrerschaft aufzufordern, die evangelische Wahrheit zu verkünden, „daß die Obrigkeit von Gott verordnet ist, als ein Grundpfeiler des staatlichen Organismus, der nicht erschüttert werden kann, ohne daß der Staat schwankt und einzustürzen droht." Wer Widerspruch übt oder gar Gehorsam verweigert, erhebt sich gegen Gott und verfällt „dem Gericht des Allerhöchsten". Daß Disziplinarstrafen dem vorausgehen würden, braucht Küpper nicht zu betonen. Er beschwört vielmehr die Ehrfurcht, Anhänglichkeit und Liebe zum König. Während andere noch über die Toten von Berlin trauern und über die Mitschuld des von seinem Gottesgnadentum zutiefst überzeugten Potentaten nachdenken, preist er ihn in den höchsten Tönen: „Stellen wir ins hellste Licht, was er bis dahin seinem Volk gewesen, wie er mit der huldreichsten Freundlichkeit, der größten Milde, dem tätigsten Erbarmen regiert, in allen Richtungen Mängel und Übel beseitigt, die geistigen und materiellen Kräfte des Landes gehoben und sich der Kirche und Schule mit treuer Liebe angenommen."

Um einer seiner Meinung nach falschen Politisierung zu wehren und sich gleichzeitig einen Weg für eigene Hirtenbriefe offen zu lassen, fügt er hinzu: „Die Kanzel sollten wir nicht zum Rednerstuhle eines politischen Clubs machen. Wir werden nur in wenigen Predigten, nur von Zeit zu Zeit und bei besonderen Veranlassungen die staatlichen und sozialen Zustände zum Gegenstand unserer Betrachtung wählen..."

Heinrich Moll und der Solinger Arbeiteraufstand

Zu ganz anderen Überzeugungen und Entscheidungen als Sander und Ball, Müller und Küpper kommt der evangelische Lehrer Heinrich Moll angesichts sozialen Unrechts in Solingen. Am 16. und 17. März 1848 verlieren die Arbeiter im Großraum dieser Stadt nach langen vergeblichen Forderungen die Geduld. Scherenschmiede, Schleifer, Feiler und Nagler ziehen nach Abschluß einer großen Versammlung der Reihe nach zu vier Fabriken und zerstören sie vollständig. Beim größten Werk in Burg an der Wupper ist ihre Wut besonders groß. Drei Stunden lang in der Nacht demolieren sie die Eisengießerei und brennen am nächsten Tag zwischen 11 Uhr bis 6 Uhr nachmittags unzerstört gebliebene Gebäude bis auf die Grundmauern nieder.

Ihr verzweifeltes Aufbegehren ist durch das im Kreis Solingen vorherrschende Trucksystem, die vom Arbeitgeber aufgenötigte Bezahlung der menschlichen Arbeitskraft mit Waren, extrem gesteigert worden. Bei diesem System geht es, anders als zu Zeiten der Naturalwirtschaft, nicht um Waren des täglichen Lebensbedarfes, sondern um allerlei Überflüssiges und um teuren Schund, den der Empfänger wieder loswerden muß, um dringend benötigte Existenzmittel zu erwerben.

Jahrelang haben Solinger Landräte von der Regierung ein Verbot des Trucksystems gefordert. Vergeblich. Der König blieb bei seiner Ablehnung. Seit Beginn der 40er Jahre veröffentlicht der Solinger Kaufmann Peter Knecht pseudonym Berichte über die elenden Auswirkungen der aufgezwungenen Warenwirtschaft. Knechts Ansehen bei den Arbeitern ist so groß, daß er in diesen Märztagen zumindest Gewalt gegen die ausbeutenden Arbeitgeber verhindern kann.

Zu den Bürgern, die sich in Solingen für die Abschaffung des Trucksystems eingesetzt haben, gehört auch der evangelische Lehrer Heinrich Moll. Bereits 1838 hat er einen „Rückblick auf den

Winter des Jahres 1837 und 38" veröffentlicht: „mit besonderer Rücksicht auf die immer zunehmende Armut; nebst einem Vorschlage zur Verminderung derselben." Verleger ist der Solinger Buchhändler Friedrich Amberger. In der zweiten, 1845 erschienenen Schrift („Die Armuthsnoth in ihrer wahren Entstehung und sicheren Bekämpfung") beschreibt Moll das Trucksystem, ohne freilich die tieferliegenden ökonomischen Ursachen des Arbeiterelends zu analysieren.

Bereits vier Tage nach dem Arbeiteraufstand verpflichten sich die ersten Kaufleute, Fabrikanten und Fertigmacher im Großraum Solingen, Arbeiter nur noch mit barem Geld zu entlohnen und nach Verlauf von 3 Monaten auch kein Ladengeschäft mehr zu betreiben. In einem Aufruf an das Solinger Handwerk schreibt Peter Knecht: „Es ist der schönste, glücklichste Augenblick meines vielbewegten, vielbetrübten Lebens, wo ich Euch nach 28-jährigem Kampf öffentlich zurufen kann: ‚Es gibt in Solingen keine Warenzahler mehr.'"

Der Solinger Aufstand vom März 1848 ist, soweit sich erkennen läßt, Ergebnis einer spontanen Aktion. Agitatoren im sozialistisch-kommunistischen Sinne sind nicht beteiligt, Arbeitervereine, politische Klubs und Vereine existieren hier noch nicht.

Die staatlichen Reaktionen gegen die Aufständischen bleiben nicht aus. Dabei führt der Prozeß nach dem Solinger Arbeiteraufstand zu erstaunlich milden Urteilen: 28 Angeklagte werden freigesprochen, drei zu 5 Jahren Zuchthaus verurteilt. Die Geschworenen sahen ein, daß die verzweifelte Erbitterung der Arbeiter nur allzu begründet gewesen war. Doch politische Überwachungen werden verstärkt fortgesetzt. Die Bürgermeister des Landkreises werden aufgefordert, detaillierte Berichte zu verfassen.

Adolf Diesterwegs pädagogischer Protest

Staatliche Gängelung und geistliche Schulaufsicht haben viele Lehrer in Preußen zu heimlichen oder offenen Gegnern der Allianz von Thron und Altar werden lassen.

Besonders heftig meldet sich hier Adolf Diesterweg zu Wort, der ehemals hochangesehene, an Pestalozzi und Schleiermacher orientierte Seminardirektor, der nach einer Konrektortätigkeit in Elberfeld bis 1832 im rheinischen Moers, dann in Berlin Generationen von Lehramtskandidaten geprägt hat.

Der Konflikt ist für ihn von Anfang an vorprogrammiert gewesen; denn die Erzieher zukünftiger Untertanen werden schon längst von der Obrigkeit sorgfältig überwacht und immer wieder diszipliniert. 1819 bereits geriet der Gymnasiallehrer und „Turnvater" Friedrich Ludwig Jahn im Zuge der „Demagogenverfolgung" in Untersuchungshaft, später jahrzehntelang unter Polizeiaufsicht. In jenem Jahr verkündete Friedrich Wilhelm III. per Kabinettsordre, die Lehrer der höheren Schulanstalten seien verpflichtet, ein „einzig und allein dem Wahren und Rechten geweihtes Handeln in und außer der Schule" kundzutun. Es müsse verhindert werden, daß Lehrer die Jugend „zu dünkelhafter Anmaßung veranlassen, als stehe ihr schon ein eigenes Urteil über die Zeitereignisse und öffentlichen Angelegenheiten zu" - oder als sei sie gar berufen, „eine erträumte bessere Ordnung der Dinge herbeizuführen".

1822 ordnete der König eine gründliche Überwachung der Lehrer aller Schularten an. Innen- und der Polizeiminister sollen dem Kultusminister alle „bisher ermittelten oder vielleicht künftig noch vorkommenden Data" mitteilen, ebenso die Namen derjenigen, die nach seiner Meinung „von ihren Posten zu entfernen sind". Ein westfälischer Lehrer erhielt sogar lediglich wegen seiner öffentlichen Forderung nach besserer Besoldung Berufsverbot. 1840 erweckte Friedrich Wilhelm IV., der *„Romantiker auf dem Thron"*, Hoffnungen auf liberalere Zustände, lockerte er doch die Zensur und rehabilitierte einige prominente, von seinem Vater entlassene Hochschullehrer.

Jedoch ausgerechnet Adolf Diesterweg, dem strenge Disziplin in den Schulen fordernden Pädagogen, wurde 1842 ein von ihm geplantes Lehrerfest untersagt. Begründung: Lehrer seien „zu stillem, geräuschlosem, aber desto verdienstlicherem Wirken" berufen. 1844 wurden die Schulinspektoren per Erlaß beauftragt, deren Privatbibliotheken zu überprüfen und von „gefährlichen" Schriften zu reinigen. 1846 wurden sogar die Feiern zum hundertsten Geburtstag Pestalozzis verboten - des Pädagogen, der Diesterweg am stärksten geprägt hat. Für ihn ist ebenso wie für sein Vorbild der Unterricht Anleitung zu bewußter Tätigkeit: „Eine Methode ist in dem Grade schlecht, als sie den Lernenden zu einer Empfänglichkeit oder Passivität verdammt, in dem Grade gut, in welchem sie die Selbständigkeit in ihm aufruft." Auch aus dieser Einsicht heraus streitet er für eine von der kirchlichen Aufsicht befreite Schule und läßt sich schließlich nach zermürbenden Kämpfen in den einstweiligen Ruhestand versetzen.

Adolf Diesterweg

Noch ganz unter dem Eindruck der Märzereignisse appelliert er Anfang April in seinen „Rheinischen Blättern für Erziehung und Unterricht" an die Lehrer, „die großen Errungenschaften der Berliner Barrikaden zu benutzen". Jetzt sei es an der Zeit, „dem Lügensystem, der Heuchelei, dem frommen Schein, der Despotie sogenannter Rechtgläubigkeit, der Verdammung oder Verdächtigung der Menschennatur, der Hinweisung auf die Freuden des Himmels bei Fortbestand entwürdigender und abzuändernder Zustände auf der Erde...ein Ende zu machen".

Schonungslos attackiert er die Vertreter der preußisch verfaßten Kirche: „Die, welche dazu berufen waren, den Menschen durch das Freieste, was es gibt, durch die Religion zu befreien, zu erlösen, dieselben hielten es für ihre Aufgabe, die Menschennatur mit Füßen zu treten, den jungen Menschen zum Kopfhängen und Beseufzen seiner Bestimmung zu erziehen, ihn zu einem Wurm zu machen, der alles, was von oben kam, ruhig über sich nahm. Es war himmelschreiend... Gott hat eine große Tat getan!"
In diesen Wochen formuliert Diesterweg zusammen mit anderen Forderungen für ein neues Schul- und Unterrichtsgesetz, wird sogar für einen führenden Posten im Kultusministerium ins Gespräch gebracht, den er allerdings ablehnt. Mit wachsender Skepsis verfolgt er die parlamentarische Tätigkeit ehemaliger Gesinnungsfreunde und die Rückkehr reaktionärer Kräfte.

„Wir sind das Volk"

Die Mehrheit der im Mai 1848 zusammengetretenen preußischen Nationalversammlung ist zu weitgehenden Kompromissen mit der Regierung bereit. Daran können auch einige wenige Demokraten oder Vertreter der Bauern und Landlosen nichts ändern. Für die Deutsche Nationalversammlung in Frankfurt gilt Ähnliches.

Daraufhin wächst in Preußen wie im übrigen Deutschland die außerparlamentarische Oppositionsbewegung. In Volksversammlungen, in Demonstrationen, mit öffentlichen Erklärungen nimmt man sich Freiheiten und Rechte, die zuvor verweigert worden waren. Es bilden sich Vereine, Gesellschaften, Clubs, Komitees verschiedenster politischer Schattierungen - Vorläufer förmlicher Parteien. Die soeben erfolgten fast freien Wahlen in den ersten Monaten des Jahres stärken beim Bürgertum die Erkenntnis, daß Parteibildung und Parlamente in einer zukünftigen Gesellschaft zusammengehören.

Die Programme der Demokraten sehen im Volk Ursprung und Träger staatlicher Herrschaft. Für sie gilt unverbrüchlich das Prinzip der Volkssouveränität. Sie fordern das Einkammersystem, allgemeine, gleiche und direkte Wahlen sowie in der Regel den verantwortlichen Präsidenten als Staatsoberhaupt. Nur die parlamentarisch-liberalen Demokraten dulden aus taktischen Gründen die konstitutionelle Monarchie. Die soziale Frage steht bei allen Demokraten im Vordergrund. Sie fordern das Recht auf Arbeit, ein Arbeitsministerium, progressive Einkommensteuer, bisweilen auch die sozialistische Organisation der Gesellschaft.

Überall in Deutschland wird eifrig agiert - mit höchst unterschiedlichen Erfolgschancen.

Während sich die Parlamente in Reden und Resolutionen erschöpfen, bereiten die Regierungen in Österreich und Preußen mit Hilfe der Generäle Windischgrätz und Wrangel die Rückeroberung ihrer Macht vor.

Anfang Juni erscheint in Köln die „Neue Rheinische Zeitung" unter der Leitung von Marx und Engels. Mit seinem Gedicht „Trotz alledem" kommentiert Ferdinand Freiligrath die Situation im Feuilleton der neuen Zeitung:

Das war 'ne heiße Märzenzeit,
trotz Regen, Schnee und alledem!
Nun aber, da es Blüten schneit,
nun ist es kalt, trotz alledem!
Trotz alledem und alledem -
trotz Wien, Berlin und alledem -
ein schnöder scharfer Winterwind
durchfröstelt uns trotz alledem!

Das ist der Wind der Reaktion
mit Mehltau, Reif und alledem!
Das ist die Bourgeoisie am Thron -

Ferdinand Freiligrath

59

der annoch steht, trotz alledem!
Trotz alledem...

Nur was zerfällt, vertretet ihr!
Seid Kasten nur, trotz alledem!
Wir sind das Volk, die Menschheit wir,
sind ewig drum, trotz alledem!
Trotz alledem und alledem!
So kommt denn an, trotz alledem!
Ihr hemmt uns, doch ihr zwingt uns nicht -
unser die Welt, trotz alledem!

Versammlungen, Vereine, Manifeste

Kinkel und die Demokraten in Bonn

Im Mai kam es unter Führung von Gottfried Kinkel zur Gründung des „Demokratischen Vereins", der trotz der Warnungen des konservativen „Central-Bürgervereins" vor „Socialismus" und „rother Republik" in der Bevölkerung immer mehr an Boden gewinnt. Die Gegner schrecken vor keiner Verleumdung zurück: der Verein wolle „eine gewaltsame Ausgleichung des Besitzes herbeiführen" - obwohl dort kurz zuvor auf Antrag Kinkels der Grundsatz, „daß das persönliche Eigentum unverletzlich sei", mit großer Mehrheit angenommen wurde.

„Alle Pfaffen predigten in allen Kirchen gegen Kinkel," schreibt Johanna an eine Freundin, „in den Beichtstühlen wurden die Weiber angespornt, auf die Männer zu wirken, daß sie ihn nicht wählten. Die Weiber liefen durch die Stadt und sagten: man solle uns das Haus anzünden, denn K. wolle die katholische Religion abschaffen." Sogar das Militär wird an dem Tag in den Kasernen zurückgehalten, an dem Kinkel seine Kandidatenrede für das Parlament hält. Die Niederlage ist vorprogrammiert. Er kann weder für Berlin noch für Frankfurt ein Mandat erringen.

Die entschiedene Ablehnung, auf die ihr soziales Reformprogramm auch bei den Konstitutionellen gestoßen ist, bringt Kinkel und seine Gesinnungsgenossen schließlich zu der Einsicht, daß ihre Vorstellungen im Rahmen einer konstitutionellen Monarchie nicht zu verwirklichen sind. Um wirksamer für eine demokratische und soziale Republik zu werben, gründen sie die „Bonner Zeitung" und legen sich im „Demokratischen Verein" mit überwältigender Mehrheit auf das republikanische Prinzip fest.

Um ihrer Hauptzielgruppe willen gründen zweihundert Demokraten einen „Handwerkerbildungsverein". Kinkel wird Präsident in beiden Gremien, übernimmt auch noch die Redaktion der „Bonner Zeitung". Dabei ist er denen nahe, über die er redet und schreibt. „Wir sind in Bonn die einzigen, die mit Gewerb- und Handwerktreibenden als mit ebenbürtigen Leuten verkehren", bemerkt Johanna Kinkel und fügt hinzu: „Dies versteht sich natürlich von selbst, aber so stark ist der Unsinn hier, daß man so etwas bemerkt."

Die ästhetische Dimension des Lebens ist für Gottfried Kinkel nach wie vor unverzichtbar, aber er stellt sie jetzt in einen neuen Zusammenhang: „Während die meisten unseresgleichen sich über den Häuptern des Volks ihre ästhetischen Semiramisgärten zu erbauen streben und Frevel über Frevel schreien, wenn eine schwielige Faust ihre Kamelien ausraufen und Roggen an ihre Stelle pflanzen möchte, erkennen wir, wenn auch mit leiser Trauer, doch ohne Sträuben die Berechtigung der Notwendigkeit gegenüber unserer dichterischen Sehnsucht an. Wohl mögen wir unseren Lebensgarten mit Aloeblüten schmücken, so lange uns der Arme den Kohl seiner Felder ins Haus bringt. Aber wären es statt seiner Kinder die unseren, welche hungerten, wie schnell würden auch wir die ästhetischen Blumen ausraufen und Kartoffeln pflanzen."

Konservative Dominanz im Wuppertal

Seit März 1848 ist es in Elberfeld und Barmen zu reger Vereins-
bildung gekommen. Der liberal-demokratisch und konstitutionell
orientierte „Politische Klubb", in dem auch Arbeiter und Frauen
zu Wort kommen, grenzt sich deutlich vom konservativen „Konstitutionellen Verein" ab, der vom Bankier und späteren Handels-
minister August von der Heydt dominiert wird.

Der engagierte Protestant und Presbyter der reformierten Gemeinde Elberfeld ist Präsident des Handelsgerichts und Abgeordneter des Frankfurter Vorparlaments sowie der preußischen Nationalversammlung. Im Elberfelder Stadtrat kämpft er erfolglos gegen eine Mehrheit, die sich für Volkssouveränität und -bewaffnung
ausspricht. Daraufhin ruft er zusammen mit den Pastoren Feldner
und Sander und seinem Bruder Daniel - ebenfalls Bankier und
engagierter Protestant - zur Gründung einer Zeitung unter dem
Motto „Mit Gott für König und Vaterland" auf, die ab Juni als
„Rheinisch-Westphälische Zeitung" die konservativen Interessen
vertritt.

Immanuel Sander tauscht mit seinem inzwischen in Berlin amtierenden Freund Friedrich Wilhelm Krummacher Informationen
und Veröffentlichungen aus. So erreicht auch dessen Predigt über
den „Turmbau zu Babel" im Juli die Getreuen im Wuppertal. Sie
enthält die Merkmale des „Sozialismus bösester Gattung": „Emanzipation", „Selbständigkeit der Vernunft", „unveräußerliche allgemeine Menschenrechte", „materielle Interessen".

Krummacher mahnt: „Fahrt mit den fliegenden Bahnzügen, dem
Stolz unseres Jahrhunderts, durch die Lande und begebt euch in die
sogenannten 'Volksversammlungen', und es werden euch von dem
öden unisono die Ohren gellen!" Doch ist er zuversichtlich, daß ein
staatliches Babelturmbauwerk nicht gelingen kann, weil dem preußischen Staat „unwidersprechlich von Gottes und Rechts wegen in
aller Beziehung auf deutscher Erde" die Führung zustehe.

David Küllenberg und Carl Poensgen in Schleiden

Auf einer Reise durch die Rheinprovinz hatte Friedrich Wilhelm als Kronprinz 1839 den Eifelort Schleiden besucht, die dank seiner finanziellen Unterstützung ausgebaute Kirche besichtigt und bei einem Täufling Pate gestanden. Zum Dank inszeniert der Ortspfarrer David Küllenberg für ihn einen „Gesang der vereinten katholischen und evangelischen Schuljugend zu Schleiden". Die Kinder singen den Text nach der vertrauten Melodie „Heil Dir im Siegerkranz":

„...Heil, daß zum Eifelland / Du auch Dich hingewandt, / Und uns beglückt! /
Schau nun, o Königssohn, / Wie um des Königs Thron / Wir stehn mit frommer Scheu... /
Sei Gott, des Königs Hort, / Und schirm ihn fort und fort, / Und schirm sein Haus! /
Gott, Deine Vaterhand / Segne das ganze Land! / Heil, unserm Kronprinz Heil! /
Dem König Heil!"

Als die Eltern des Schleidener Täuflings vier Jahr später starben, teilte Küllenberg dies dem mittlerweile Inthronisierten mit, der daraufhin 30 Taler für die Erziehung des Kindes beisteuerte und um gelegentliche Mitteilung über dessen Werdegang bat.

Neben dem königstreuen Pfarrer gibt vor allem der dreifache Eisenhüttenbesitzer, Ehrenbürgermeister und Musikliebhaber Carl Poensgen der Gemeinde Profil. In seiner geräumigen Villa organisiert er Ausstellungen, Konzerte und Wohltätigkeitsveranstaltungen. Als Presbyter stiftet er für die Kirche ein von ihm selbst entwickeltes Geläute aus Stahlstäben, die er sich von der Firma Krupp aus Essen liefern läßt.

Im Juli 1848 gehören Küllenberg und Poensgen zu den Gründern des „Bürgervereins" für den Kreis Schleiden. Man will dort offen über die politischen und sozialen Zeitereignisse reden, die errungenen bürgerlichen Freiheiten wahren helfen, „aber auch die Achtung vor Gesetz und öffentlicher Ordnung, zum Schutze der Person und des Eigentums, sowie das konstitutionelle König-tum auf breiter demokratischer Grundlage gegen alle dieselben bedrohenden anarchischen, kommunistischen und republikani-schen Wühlereien schützen".

Der zum 1. Präsidenten gewählte Küllenberg spricht „über den sozialen Charakter der Revolution", den er positiv beurteilt. Der vierte Stand sei hinfort den anderen Ständen als ebenbürtig und gleichberechtigt anzuerkennen. Der Staat müsse den Arbeitern eine menschliche Existenz sichern. Das Recht auf Arbeit verpflich-te ihn zwar nicht, Jedem Arbeit und Brot zu verschaffen, aber anzustreben sei eine Vollbeschäftigung in jedem Fall. Wer die soziale Frage glaube vernachlässigen zu dürfen, müsse zur Kennt-nis nehmen, daß „die politischen Wirren ihren Ursprung aus den sozialen Verhältnissen" genommen haben.

Angesichts der in der Eifel grassierenden Arbeitslosigkeit be-schließt man auf Küllenbergs Antrag hin, arbeitsbeschaffende Maßnahmen in die Wege zu leiten, die freilich aufgrund des wirt-schaftlichen Niedergangs in der abgelegenen Gegend nicht recht in Gang kommen. Als Carl Poensgen stirbt, verlieren die Men-schen im Kreis Schleiden nicht nur einen sozialen Wohltäter. Mas-senentlassungen kommen in seinem Betrieb wie in vielen anderen hinzu, die aufgrund der aufstrebenden Industrie im Ruhrgebiet zum allmählichen Untergang verurteilt sind. Die im Besitz der protestantischen Familie Poensgen befindlichen Industrieanlagen werden 1860 nach Düsseldorf verlegt und mit einer anderen Firma zur „Aktiengesellschaft Düsseldorfer Röhren- und Eisen-walzwerke" vereinigt - einer Vorläuferin der späteren „Mannes-mannröhren-Werke".

Protestantische Opposition in Opladen

Im Zuge der revolutionären Forderungen vom März 1848 sind die Einschränkungen der Pressefreiheit gelockert worden. Wie im übrigen Deutschland, so entstehen auch im Kreis Solingen demokratisch orientierte Zeitungen: in Hitdorf der „Sprecher am Rhein", in Solingen das „Bergische Organ" unter Federführung von Friedrich Amberger und in Opladen der „Verkündiger an der Niederwupper und Wöchentlicher Anzeiger". Am 1. Juli 1848 kann der evangelische Lehrer C. E. Küster die erste Nummer dieses Blattes herausbringen, nachdem er bereits 1845 und 1847 - vergebens - einen entsprechenden Antrag gestellt hatte.

Küster tritt entschieden für die auch in Opladen entstandene „Bürgergarde" ein. In Nummer 2/1848 des „Verkündigers" ruft ein Leserbrief dazu auf, sie zwar zum Schutz einzusetzen, aber nur „gegen Übergriffe jedweder legislativen Gewalt, zur Gründung, Aufrechterhaltung und ferneren Entwicklung volksthümlicher Rechte und Gesetze, zur Constatierung einer Volks-Souveränität, die der Fürsten Ansprüche sichert, in soweit sie einer freien, die Wohlfahrt und Einheit Deutschlands bedingenden Verfassung nicht entgegenstehen".

Die Bürgergarde selbst versteht sich dagegen einzig und allein als Organisation „zur Sicherung des Eigenthums und Aufrechterhaltung der Ordnung", nicht zuletzt im Hinblick auf „die in diesen Tagen in unserer nächsten Nachbarschaft vorgefallenen Demolierungen und Zerstörungen des Eigenthums und die auch zu uns hierüber gekommenen Gerüchte, die uns ein ähnliches Los verkünden". Gemeint ist dabei nicht nur der Solinger Arbeiteraufstand, sondern auch eine von dort gekommene Arbeiterkolonne, die vor dem Opladener Rathaus demonstriert und - vergeblich - versucht hat, eine Opladener Fabrik zu stürmen.

„Manifest des freien Urchristentums an das deutsche Volk"

Während demokratisch oder revolutionär engagierte Protestanten wie Moll oder Küster ohne größere theoretische oder theologische Reflexionen ins Zeitgeschehen eingreifen, bemühen sich andere hier um eine ausführliche Begründung. Zu ihnen gehört der in Odense auf Fünen geborene Salomon Köbner, Sohn eines jüdischen Kaufmanns, der sich seit seiner Taufe in einer lutherischen Kirche in Hamburg Julius nennt. Dort arbeitet er als Graveur, Stempelschneider und Buchdrucker. Nach einer Begegnung mit Johann Gerhard Oncken, dem Begründer des deutschen Baptismus, gründet er die ersten Baptistengemeinden Dänemarks und der Niederlande und arbeitet im Auftrag der „American Baptist Convention" als „Missionar für Deutschland".

Nachdem er als religiöser Dissident in Deutschland mehrfach Zensurmaßnahmen, ja sogar Verhaftungen erlebt hat, begrüßt er die Märzrevolution und stellt im Juni 1848 den Baptismus in seinem „Manifest des freien Urchristentums an das deutsche Volk" als religiöse Freiheitsbewegung und zugleich Bestandteil bürgerlicher Emanzipation dar: Gott habe „die Ketten der bürgerlichen Unterjochung" zerbrochen. Auch Christen seien nun „nicht mehr geknebelt durch eine Zensur, die nur dem monopolisierten Kirchentum das Wort gestattete".

Köbner spricht sich für die Staatsform der Republik aus. Die Baptistengemeinde selbst sei ja demokratisch aufgebaut: „Im Grundgesetz der Gemeinde Christi heißt es: 'Die weltlichen Fürsten herrschen und die Mächtigen unter ihnen haben Gewalt; aber also soll es unter euch nicht sein...' Mit dem Worte: 'Einer ist euer Meister; ihr aber seid Brüder' hat der Herr jedes aristokratische oder hierarchische Element aus seiner Gemeinde entfernt."

Köbner nennt seine Schrift „Manifest", spricht von zerbrochenen „Ketten bürgerlicher Unterjochung", preist die Freiheit als hohes Gut - nachdem Marx und Engels wenige Monate zuvor ihr

„Manifest der kommunistischen Partei" in London veröffentlicht haben, in dem es unter Hinweis auf die kommende Revolution heißt: „Die Proletarier haben nichts zu verlieren als ihre Ketten"; in dem eine zukünftige Assoziation gepriesen wird, „worin die freie Entwicklung eines jeden die Bedingung für die freie Entwicklung aller ist".

Ob Köbner, der mit Baptisten in London in Kontakt steht, das Kommunistische Manifest kennengelernt hat, ist nicht bekannt. Die Bezeichnung „Manifest" ist so ungewöhnlich nicht im politischen Sprachgebrauch der Zeit. Köbner könnte sie in den religiösen Zusammenhang übernommen haben. Umgekehrt hat der Kölner Kommunist Moses Heß kurz zuvor seinen Alternativentwurf zum Text von Marx und Engels „Roter Katechismus für das deutsche Volk" genannt.

Hinter der Wahl der unterschiedlichen Begriffe steckt gewiß Kalkül, wohl aber auch das jeweils verschiedene Bewußtsein, daß hier Antworten auf wesentliche Fragen und Hoffnungen der Menschheit gegeben werden.

Julius Köbner

Manifest des
freien Urchristentums

Manifest der
Kommunistischen Partei

Das protestantische Bollwerk

Pionier der von ihm sogenannten „inneren Mission" ist Johann Hinrich Wichern, der 1833 in Horn bei Hamburg das „Rauhe Haus" gegründet hat, eine Erziehungsanstalt für verelendete und gefährdete Großstadtkinder. Mit einem „Gehilfeninstitut" begann er die Ausbildung christlicher Sozialarbeiter („Diakone"), die Theodor Fliedner 1836 für Diakonissen in Kaiserswerth in großem Stil fortsetzt.

Auf dem im September 1848 erstmals stattfindenden „Evangelischen Kirchentag" in Wittenberg führen Wicherns zündende Worte, mit denen er der dem Massenelend gegenüber versagenden Kirche ins Gewissen redet, zur Bildung des jährlich tagenden „Kongresses für Innere Mission". Dessen Zentralausschuß bildet die Dachorganisation für diakonische Anstalten und soziale Einrichtungen wie auch für christliche Vereinigungen, die junge Handwerker und Arbeiter dem „wühlerischen Treiben der Demokraten" und dem sozialistischen Einfluß der Arbeitervereine entziehen wollen.

Das Vereinswesen in Preußen wird seit den „Karlsbader Beschlüssen" von 1819 verschärft kontrolliert. Die Zensurbehörden sollen die Bildung von „Parteien oder ungesetzmäßigen Verbindungen" verhindern, auch die Versuche, umstürzlerische Parteien „in einem günstigen Lichte darzustellen". Den Beschlüssen von 1819 folgte 1832 ein generelles Verbot politischer Vereine. Das Bürgertum wich auf „Gesellschaften" oder betont gesellige, kulturelle, berufsbezogene oder soziale Vereinigungen aus. So wurde 1836 ein „Gewerbeverein für den Regierungsbezirk Düsseldorf", 1844 in Berlin ein „Zentralverein für das Wohl der arbeitenden Klassen" gegründet.

Im Protestantismus entstanden Missions-, Jünglings- und Erziehungsvereine zum Schutz vor den bösen Einflüssen der Welt und als Basis für die Bekehrung der Menschen, die man durch Autonomiestreben, Selbstvergottung und Sozialismus gefährdet sah. Entsprechende Publikationen erreichten hohe Auflagen.

Auch wenn man seitens der Inneren Mission die traditionelle Ordnung in Kirche und Staat verteidigt, erkennt man doch beim Kampf gegen den „bösen Zeitgeist" die Begrenztheit bisheriger Methoden. So heißt es in der in Düsselthal erscheinenden, in der Rheinprovinz weit verbreiteten Monatsschrift „Der Menschenfreund": „Wir arbeiten in der Kirche im günstigsten Fall, in den in dieser Hinsicht gesegnetsten Gegenden noch mit den Mitteln einer Zeit, der die jetzige ganz aus dem Geschirr gewachsen ist." Deshalb streben die Wortführer der Inneren Mission jetzt die Verstärkung oder Neugründung von Vereinen und Gesellschaften an, die sie möglichst großflächig miteinander vernetzen wollen.

Ludwig Feldner
und die „Evangelische Gesellschaft für Deutschland"

Einer der wichtigsten Wortführer in der Rheinprovinz ist der in Liegnitz geborene Friedrich Wilhelm Paul Ludwig Feldner, der bereits als junger Pfarrer in Schlesien einen Traktatverein gründete und Bibeln und Erbauungsliteratur in die Haushalte verteilen ließ. Durch einen Wohltätigkeitsverein wollte er nicht nur Arme unterstützen, sondern ihnen auch Arbeit verschaffen. Für arme Glasschneider gelang ihm das durch Errichtung einer Glashandlung. Auf seine Initiative hin entstand auch ein „Verein für verwahrloste Kinder", der Pflegeeltern für Waisenkinder gewinnen konnte.

Sein Ansehen stieg bis in höchste Kreise hinein. Eine preußische Prinzessin besuchte seine Predigten und brachte ihn mit dem Kronprinzen zusammen. Als er durch Neid und Intrigen in

Schwierigkeiten geriet, setzte sich Friedrich Wilhelm auch als König für ihn ein. Als Pfarrer auf dem Rittergut der adligen Brüder Leopold und Ernst Ludwig von Gerlach wurde Feldner schließlich durch sie und eine Gruppe pommerscher Altkonservativer, zu denen auch der einflußreiche Adolf von Thadden-Trieglaff gehörte, politisch geprägt.

1847 ließ er sich, um in einer Großstadt effektiver wirken zu können, in die lutherische Gemeinde nach Elberfeld wählen, wo er besonders in den Armenvierteln sozial und missionarisch tätig wurde. Aus seiner politisch-kämpferischen Absicht machte er schon in seiner Rede zum Amtsantritt keinen Hehl. Den Behörden der Stadt wünschte er göttlichen Beistand, damit sie „in den Zeiten, wo eine falsche Freiheit Widersetzlichkeit und Unordnung hervorbringt, Kraft von oben nehmen können".

Am 1. Mai 1848 tritt er unter dem Eindruck und Schock der Märzrevolution mit der Frage „Wollen wir nicht Deutschland evangelisieren?" durch einen Zeitungsartikel an die kirchliche Öffentlichkeit. Acht Tage zuvor hat Wichern, mit dem er seit Jahren in Verbindung steht, sein „Rauhes Haus" in einem Aufruf an die gesamte evangelische Kirche „als vaterländisches Institut" bezeichnet und die „Auferstehung" von Kirche und Nation aus den Trümmern „des zusammenstürzenden Baus der bisherigen Welt" prophezeit. Feldner ist da skeptischer, sagt lediglich der „Revolution" den Kampf an, will die Menschen vor dem hereinbrechenden Chaos retten. Die traditionellen Mittel der Landeskirche reichen ihm dafür nicht aus. Sein Motto: Evangelisierung statt Revolutionierung. Als Verein soll die „Evangelische Gesellschaft" von Kirche und Staat unabhängig sein. Als wichtigste Mittel der Missionierung, vorrangig durch Laien, nennt Feldner Bibel, Zeitschriften und Bibelstunden. 53 Menschen folgen seiner Einladung im August 1848. Bei der ersten Generalversammlung im September sind es bereits 93. Feldner regt mit einem „fliegenden Brief" die Bildung von Zweigvereinen an. Tausende von bisher schon der

Ludwig Feldner

Kirche Entfremdete würden „von herumziehenden Volksverführern begleitet", seien „in größter Gefahr, nicht nur ohne Gott zu leben, wie die Heiden, sondern in offenbares Antichristenthum zu geraten". Um diesem Verfall entgegenzutreten, seien „die bisherigen kirchlichen Mittel nicht zureichend".

Feldners Appell fällt auf fruchtbaren Boden. Elf Zweigvereine entstehen in Rheinland und Westfalen in rascher Folge: in Elberfeld, Barmen, Altena, Oberberg, Rüggeberg, Breckerfeld, Voerde, Hagen, Minden, Iserlohn und Lüdenscheid. Ein wichtiges Ziel wird dabei erreicht: Handwerker und Arbeiter bilden die Mehrzahl in den Vereinen.

Bereits im Jahre 1814 ist eine vergleichbare Organisation, die „Wuppertaler Traktatgesellschaft" im Wuppertal gegründet worden. Ihr Zweck ist es, „kleine religiöse Schriften unter der ärmern

Volksklasse zu verbreiten, und dadurch auf die Wirkung und Belebung des religiösen Sinnes bei dem gemeinen Mann wohlthätig zu wirken". Prominente Prediger wie Sander, Krummacher und Fliedner meldeten sich in den darauffolgenden Jahrzehnten darin immer wieder mit Traktaten zu Wort.

Ende 1848 wird Feldner Präsident der Gesellschaft und beschreibt sie bald darauf in einem Jahresbericht als „ein Glied in der Reihe der Vereine, welche im organischen Zusammenhang mit der Kirche die todten und zum Theil abfallenden Glieder derselben wieder in ihre Lebens=Gemeinschaft zu bringen versuchen." Den engsten Zusammenhang sieht er mit der Evangelischen Gesellschaft für Deutschland - „wie denn auch die Agenten dieser Gesellschaft zugleich die Unsrigen sind".

Gerhard Dürselen
und der „Rheinisch-Westphälische Jünglingsbund"

Schon seit Jahrzehnten sind im Raum der rheinischen Kirche Vereine entstanden, die Handwerker unterstützen und missionieren wollen - besonders im Wuppertal. 1823 hat dort ein Blechschläger und späterer Missionar einen „Missionsjünglingsverein" gegründet.

1836 und 1838 entstanden zwei christliche Vereine „für junge Handwerker und Fabrikarbeiter". In den „Stimmen aus und für die streitende Kirche" wird die Zielsetzung solcher Vereine 1847 unmißverständlich beim Namen genannt: „Wenn der politische und religiöse Radicalismus sich der reisenden Handwerksburschen als Emissäre bedient, sein Gift in alle Volksklassen und Gegenden Deutschlands auszubreiten und in seinen überall verbreiteten Vereinen die arglose Jugend dieses Standes zu fangen versucht, dann ist es doppelt erfreulich zu wissen, daß die Christen Deutschlands durch christliche Jünglingsvereine für Handwerker diesen verderblichen Umtrieben e i n B o l l w e r k entgegenzusetzen bemüht sind..."

Dem Ronsdorfer Jünglingsverein steht der dortige Pfarrer Gerhard Dürselen vor, der im Juli 1848 in der von ihm herausgegebenen Zeitschrift „Der Jünglingsbote" die gleiche Strategie propagiert: „In unseren Tagen bildet man an vielen Orten patriotische Vereine, die dem wühlerischen Treiben der republikanischen und demokratischen Clubs die Spitze zu bieten und das Gegengewicht zu halten beabsichtigen. Da ist es aller Gutgesinnten, welche Ruhe und Ordnung wollen, Gesetz und Gerechtigkeit verlangen, König und Vaterland lieben, unabweisbare Pflicht, sich daran zu beteiligen."

Mahnend und aufrüttelnd fragt Dürselen die Saumseligen: „Wollt ihr denn ruhig zusehen ohne euch zu rühren, während auf Seiten der Umsturzleute alles aufgeboten, alles aufgeopfert wird, um ihre Zwecke zu erreichen? So schlaft denn nur; vielleicht kommt's, ehe der Morgen graut, schrecklich über euch."

Die Leser werden zu erhöhter Wachsamkeit gegenüber den „Mördern und Räubern" aufgefordert: „Sofern in irgend welchen Vereinen etwas festgestellt werden sollte, das eurem christlichem Bewußtsein widerstrebt, so tretet dagegen auf und duldet's nicht... Also, wo es gilt, etwas mit zu thun, und durch Anschluß an gutgesinnte Vereine etwas mit dazu beizutragen, daß dem gottlosen Treiben der Wühler ein Damm gesetzt wird, da bleibt nicht zurück."

Eine derartige, auch von der Kanzel herab betriebene Agitation ruft gefährliche Aggressionen hervor - wie Dürselen selbst erkennt und schildert: „Dadurch hatte ich den Zorn dieser Leute gegen mich gereizt. Als ich eines Tages durch die Stadt ging, richtete ein Mann aus dem Fenster eine Pistole gegen mich; die Frau faßte aber seinen Arm, so daß der Schuß in die Decke ging. Einige Zeit nachher stand ich abends am Fester und sah mit betrübtem Herzen in die mondhelle Nacht. Da flog ein Stein durch die Fensterscheibe dicht an meinem Kopf vorüber und ging, die Tür zersprengend, in den gegenüberstehenden Bücherschrank."

Gerhard Dürselen

Solche Erfahrungen entmutigen Dürselen nicht, sondern stärken im Gegenteil seine Abwehrkräfte. Auf seine Initiative hin schließen sich im Oktober 1848 Jünglingsvereine aus Elberfeld, Barmen, Ronsdorf, Cronenburg, Remscheid, Ruhrort, Schwelm, Düsseldorf und Mülheim zum „Rheinisch-Westphälischen Jünglingsbund" zusammen.

Er soll den Gefahren entgegenwirken, denen die jungen Männer in Wirtshäusern ausgesetzt sind, sie zu besserer Berufsausübung und zu christlicher Lebensführung befähigen.

Präsident des Bundes wird Dürselen, auch in seiner Eigenschaft als Mitglied im Provinzialausschuß der Inneren Mission. Auf der Gründungsversammlung fordert er dazu auf, die verführte Jugend zu retten. Wie ein Netz soll der Jünglingsbund zu diesem Zweck ausgespannt werden. Menschenfischer sollen die jungen Männer sein. Voll Jagdeifer beschreibt Dürselen den erhofften Erfolg: „Wenn nun so ein aufgeklärter, starker Geist sich müde gezappelt hat und nicht loskommen kann und sich endlich auf Gnade und Ungnade ergibt und nun zu schmecken bekommt, wie süß es ist, ein Gefangener des Herrn Jesu zu sein, welch ein Gewinn!"

Zum Abschluß der Gründungsversammlung spricht Dürselen noch einmal warnend von den Stürmen der Revolution und den „Abgründen des Verderbens": „Wir sahen mit Entsetzen, wie der Geist der Empörung Tausende von Jünglingen in den Strudel einer Gottentfremdung, einer Zucht- und Sittenlosigkeit hineingezogen hatte, von der das Äußerste zu befürchten war." Umso mehr fordert er dazu auf, die Gefährdeten vom Abgrund zurückzureißen.

Der einflußreiche Rietmacher und Kaufmann Anton Haasen, Präsident des Elberfelder „Vereins für christliche Handwerker und Fabrikarbeiter", benennt in derselben Zeit in einem Brief als Ursachen allen Übels „die verderblichen Lehren des Socialismus oder Communismus, 'Freiheit, Gleichheit, Bruderschaft!' im Sinn des Heidenthums in unserer Mitte, nämlich ohne Gott".

Im September 1848 publiziert der „Jünglingsbote" die Aufforderung eines Lehrers aus dem Duisburger Jünglingsverein, man solle doch nicht immer nur über Demokraten und Kommunisten klagen, sondern von ihnen lernen: „Zu wenig studieren und probieren wir die Klugheit der Welt und ihre praktische Tüchtigkeit... Die Demokraten jeden Standes scheuen sich nicht, die Handwerksgesellen oder junge Arbeiter auf den Straßen, auf den Gassen anzusprechen und anzuwerben; sie gehen von Werkstatt zu Werkstatt

und preisen ihre Ware mit viel Herablassung und Beredsamkeit, ja selbst mit Geldopfern an, sie sind in den Herbergen, Wirthshäusern und bei anderen Gelegenheiten bei der Hand und spüren auf, wo ein Jünger zu gewinnen ist: Schriften theilen sie aus in recht volksthümlicher Sprache... Der Verkehr, und zwar ein lebendiger - über die Bethätigung der einzelnen und der Gesamtvereine, das klare Bewußtsein dessen, was man will und das energische Festhalten ihres Zieles - wäre auch von ihnen recht zu lernen." Klug wie die kommunistischen Schlangen sollen die christlichen Brüder bei ihrer Vereinsarbeit sein, aber auch ohne Falsch wie die Tauben.

Erziehung und preußische Ordnung in Kaiserswerth

Zu denen, die durch die Märzrevolution in ihrem Ordnungsdenken und ihrer Anlehnung an Preußen verstärkt werden, gehört auch Theodor Fliedner. „Wie viele Träume hat doch das Revolutions-Jahr 1848 zerstört!" so sein Klage im Rückblick. „Wie sehr auch den Traum, in dem wir Deutsche uns wiegten, als ob unser schönes Vaterland, und namentlich Preussen, dies Land der Kasernen und Schulen, wie die Franzosen es nennen, sich vor allen Völkern auszeichne durch grosse Verstandes- und sittliche Bildung auch seiner niedrigsten Volksklassen! Wie wenig hat doch der Sauerteig der wahren Bildung diese Volksmassen durchdrungen! Wie viel Roheit, Sittenlosigkeit und wilde Empörung gegen göttliche und menschliche Gesetze haben nicht Hunderttausende ... in vielen deutschen Gauen gezeigt, wie viel niedrige Rachsucht und Raubsucht, wie viel schnöden Undank."

Die Ursache für diese Entwicklung sieht Fliedner vornehmlich in Erziehungsproblemen bei den „niedrigsten Volksklassen": „Aber wie sollen unsre Aeltern der geringern Volksklasse ihre Kinder weise erziehen können, da sie selbst meistens nicht erzogen worden sind?...Sie haben gehört, wie ihre Aeltern viel fluchen und schwören, viel murren gegen Gott und die Obrigkeit, aber wenig beten, viel schimpfen über Reiche und Arme, lügen und betrügen; sie haben sie im Zanken und sich Schlagen, im Schnapstrinken und Wirthshausgehen ihre Freude und Erholung suchen sehen..."

Das „sittliche und religiöse Gegengift" - so Fliedner - sei dann in der Schule viel zu schwach und der Lehrer überfordert. Bald seien die Jungen schlimmer als die Alten. „Muß da nicht die Verderbnis des Volks sich vermehren, wie ein Lawine?"

Fliedner streift die Frage nach den Ursachen des Übels, ohne sie in ihrem gesellschaftlichen Gesamtzusammenhang zu erörtern: „Wir haben es selbst gesehen, dies wachsende Elend, in den Hütten der armen Landleute, wie in den Sackgäßchen der Städte; unsere vielen Lehrerinnen und Pflegerinnen erfahren es täglich." Was tun? fragt Fliedner.

Seine Antwort: „Das Unkraut an der Wurzel anfassen, statt es 5-6 Jahre um sich wuchern zu lassen; die Kinder mit zwei, drei Jahren schon der Verwahrlosung der Aeltern möglichst entziehen durch Erziehung in Kleinkinderschulen." Dort soll christlicher Einfluß dann dazu führen, daß „die groben Klötze abgehobelt, die Zügellosigkeiten der jungen Wilden gebändigt" werden.

Fliedner setzt diese Idee in Kaiserswerth in die Tat um und richtet entsprechende Seminare für Lehrerinnen ein. Auch Entspannung und Spiel sollen nicht zu kurz kommen. Als man ihm während eines Aufenthalts in Schottland eine Rundschaukel zeigt, läßt er sie in Kaiserswerth nachbauen, schließlich in Serie herstellen und über die bei ihm ausgebildeten Erzieherinnen in ganz Deutschland vertreiben.

Besuch Friedrich Wilhelms IV. in Kaiserswerth

Fliedner unterwirft nicht nur die Kleinkinderschule, sondern auch das gesamte Diakoniewerk mehr und mehr preußischen Ordnungsprinzipien. Die zuvor der Kleidung der Bürgersfrau angeglichene Berufskleidung der Diakonissen erhält nun den Charakter einer unveränderlichen Ordenstracht. Die Dienstanweisungen aller Mitarbeiterinnen fußen bis ins Detail auf Gehorsam und Unterordnung. Wenn der König Kaiserswerth besucht, müssen sich die Diakonissen zur Begrüßung in Reih' und Glied aufstellen.

Fliedner sieht das Modell für sein Werk im preußischen Staat, bringt in Kaiserswerth die Verbindung von Diakonie, Thron und Altar sinnfällig zum Ausdruck. Die Beziehung des Königs zu ihm wird immer enger. Einmal schüttet der Monarch ihm sein ganzes Herz aus. „Als ich Abschied nahm", so erinnert sich Fliedner, „sprach ich zur Tröstung den Mosaischen Segen über ihn aus. Er legte sein Haupt auf meine Schulter und war innigst gerührt."

Die gescheiterte Revolution

Im Herbst 1848 kommt es in der Frankfurter Paulskirche zu einer verhängnisvollen Entwicklung, die eine Minderheit weiter auf den Weg außerparlamentarischer Opposition treibt. Auslösender Faktor ist der Konflikt um Schleswig und Holstein.

Die beiden Herzogtümer sind von alters her in Personalunion mit Dänemark verbunden, wobei das rein deutschsprachige Holstein gleichzeitig zum Deutschen Bund gehört und die Mehrzahl der Schleswiger dieselbe Zugehörigkeit anstrebt. Dänemark lehnt ab. Sofort bilden sich daraufhin in allen deutschen Provinzen Freicorps. Die Freiwilligen, überwiegend Studenten, Handwerksburschen und Arbeiter, gehen davon aus, daß ein Revolutionskrieg gegen Dänemark auch dem Kampf gegen den Feudalismus insgesamt nutzt.

Unter dem Druck der Bevölkerung beschließt die Frankfurter Nationalversammlung in der Paulskirche den Krieg gegen Dänemark. Preußen und Hannover sollen militärisch vorgehen. Doch die preußische Führung will ihre Armee nicht für die Sache von „Rebellen gegen einen König von Gottes Gnaden" kämpfen lassen und läßt sie nur zum Schein vormarschieren. Sie möchte Rußland und England nicht provozieren.

Am 26. August schließt Friedrich Wilhelm IV. ohne Abstimmung mit dem Paulskirchenparlament den für sieben Monate gültigen Waffenstillstand von Malmö. Die Nationalversammlung in Frankfurt ist wie vor den Kopf geschlagen. Robert Blum ruft unter dem Beifall nicht nur der Linken: „Es muß entschieden werden, ob Preußen in Deutschland aufgeht oder Deutschland in Preußen unter!"

Die Ratifizierung des Waffenstillstandes wird nach ursprünglicher Ablehnung dann doch noch gebilligt.

Der Volkszorn ist groß. Arbeiter und Handwerker in Frankfurt fordern den Austritt der Linken aus der „verräterischen" Nationalversammlung und die Organisation eines Volkskriegs. Es kommt zu einem Aufstand in Frankfurt, der blutig niedergeschlagen wird.

In Österreich geschieht Ähnliches. Als die ungarische Freiheitsbewegung militärisch in die Knie gezwungen werden soll, proben Arbeiter und Studenten in Wien aus Solidarität den Aufstand - mit geringer Unterstützung aus Deutschland. „Wenn wir noch knien könnten, wir lägen auf den Knien; / wenn wir noch beten könnten, wir beteten für Wien!" ruft Ferdinand Freiligrath. Fast resignierend fährt er fort: „Die Eisenbahnen pfeifen, es zuckt der Telegraph - / Du aber bleibst gelassen, du aber bleibst im Schlaf!"

Robert Blum reist ohne große Hoffnung im Auftrag der linken Abgeordneten nach Wien, um zu sehen, zu klären, zu helfen. Er reiht sich bei den Aufständischen ein - ohne die Waffe zu benutzen. Dennoch wird er am 9. November standrechtlich erschossen. Dem Hinweis, er sei als Parlamentarier unverletzlich, begegnete der befehlende Offizier mit der Bemerkung, das werde man ja gleich sehen.

Die Nationalversammlung in Frankfurt rafft sich zu einem schwachen Protest auf. Durch „den sanften Ton und die diplomatische Zurückhaltung ihrer Sprache" - so bemerkt Friedrich Engels bitter, stelle sie „eher eine Verunglimpfung des ermordeten Märtyrers als ein Verdammungsurteil über Österreich" dar. In seiner Geburtsstadt Köln wird für Blum ein Requiem gehalten.

Die preußische Regierung gewinnt Oberwasser. Der Landtag wird aus Berlin in die Provinz verlegt (er wollte die Formel „von Gottes Gnaden" streichen), später von Soldaten mit aufgepflanztem Bajonett auseinandergejagt. Die Parlamentarier üben passiven Widerstand und rufen schließlich das Volk zum Steuerboykott auf.

Sie folgen damit einem Aufruf von Karl Marx in der „Neuen Rheinischen Zeitung": „Wie besiegt man das Königtum in bürgerlicher Weise? Indem man es aushungert. Und wie hungert man es aus? Indem man die Steuern verweigert."

Kampagnen gegen Kinkel in Bonn und Berlin

In Bonn beschließt man auf Gottfried Kinkels Initiative hin, die Stadttore zu besetzen, an denen die Steuerbeamten die Mahl- und Schlachtsteuer kassieren. Der Staatsanwalt will ihn daraufhin anklagen und wird dabei von Albrecht Ritschl unsersützt, einem Privatdozenten an der Bonner theologischen Fakultät (später Haupt einer theologischen Schulrichtung). Ritschl beklagt die „erbärmliche Flauheit" der Verfolgungsbehörden und wird gemeinsam mit dem Vorsitzenden des konstitutionellen Vereins, dem er angehört, beim Oberpräsidenten in Köln vorstellig. In Anwesenheit von Vertretern der Militär- und Justizbehörden erklärt er dort, die Sicherheit Bonns könne dauerhaft „nur durch die Verhaftung Kinkels verbürgt werden". Ihn treibe dabei - so teilt er auch seinem Vater im November brieflich mit - „das pflichtmäßige Interesse an der öffentlichen Ordnung, deren Zerrüttung durch ein von Bonn gegebenes Beispiel sich auch weiter verbreiten" könne. Das „Steuerverweigerungsfieber" gehe ja bereits durch alle rheinischen Städte, besonders Koblenz, Aachen und Düsseldorf. Vor allem in Düsseldorf sei die Lage bedrohlich. Die gesamte Bürgerwehr suche dort den Kampf mit dem Militär. Nur in Köln sei „alles in Ordnung". Im Übrigen halte er „diese freiwillige Mission gänzlich geheim". Auch seinen Vater bittet er um Stillschweigen und berichtet ihm voller Genugtuung, daß er sich mit seinem Verein an der Verteilung von 6000 Flugblättern gegen die Demokraten beteiligt habe. Die Zeit dazu hat er; denn seine Vorlesungen werden von den meisten Studenten boykottiert.

Als die Anklage des Staatsanwalts gegen Kinkel in erster Instanz vor Gericht nicht zugelassen wird, ist Ritschl sehr enttäuscht. Der in zweiter Instanz angestrengte „Correctionalprozeß" zieht sich sehr in die Länge.

Inzwischen vollenden König und Regierung in Berlin ihren Staatsstreich. Am 5. Dezember lösen sie die Nationalversammlung auf und oktroyieren eine Verfassung mit einigen liberalen Zugeständnissen. Dieser taktische Schachzug kann die Unruhe unter Bonner Demokraten nicht dämpfen. Der Senat der Universität richtet dagegen eine Dankadresse an den König und bittet zugleich das Innenministerium um Beschleunigung der juristischen Schritte gegen Kinkel. Administrative Maßnahmen könne man derzeit nicht empfehlen. Sie würden nur Anlaß zu lautem Geschrei geben. In seinen literar- und kunstgeschichtlichen Vorlesungen, so klagen die Professoren, ziehe Kinkel die Gelegenheit bei den Haaren herbei, kommunistisch-sozialistische Lehren vorzutragen und anzupreisen. Dem Prinzen Wilhelm von Preußen versichern sie im Januar des folgenden Jahres, daß im Lehrkörper „nur ein Geist und eine Stimme, die des festen Haltens an den König und sein Recht und an die Konstitution geherrscht hat und noch herrscht, mit bedauerlicher Ausnahme eines einzigen in kaum begreiflicher Irrsal der wunderbarsten und unhaltbarsten Ideen bei sonst wohlwollenden Gesinnungen Festgebannten". Gegen den so heftig und doch zugleich lyrisch-sanft Angeprangerten hat der Staatsanwalt im „Correctional-Prozeß" keine Chance. Die Anklage wegen Aufreizung zur Gewalt bleibt ohne Erfolg; Kinkel verweist auf seine durch Zeugenaussagen bestätigte Forderung, Leben und Gesundheit der Steuerbeamten zu schützen. Nach Entlarvung weiterer von ihm widerlegter Falschaussagen wird er freigesprochen.

Aufgrund seiner und seiner Mitstreiter politischen Aktivitäten kommt es zu kleineren Scharmützeln zwischen demokratischen „Wühlern" und preußisch-protestantischen „Heulern" im Umkreis von Bonn. Im Gegensatz zu anderen Orten, in denen nach Bonner Initiativen demokratische Vereine entstanden, scheitert die Bildung eines solchen Vereins in Seelscheid an der Person des streitbaren Ortspfarrers Thomas Friedrich Schulz, bei dem Kinkel in früheren Jahren noch als Student und gelegentlicher Prediger zu Gast gewesen war. Erbost lassen einige evangelische Seelscheider Demokraten eine Notiz gegen ihn in der „Kölnischen Zeitung" einrücken. „Herr Schulz, Pfarrer in Seelscheid, empfiehlt sich sehr durch seine spezifisch-preußischen Kanzelreden als Deputierter für Berlin. Die Wahlmänner des Sieg- und Bonner Kreises werden hiermit auf dieses große Licht aufmerksam gemacht. Er heult gewaltig."

Schulz verspricht seinen Kritikern in einer ebenfalls von der „Kölnischen Zeitung" abgedruckten Stellungnahme, er werde in seinen „spezifisch-preußischen Canzelreden fortfahren..., für ein freies, glückliches und festes Preußenthum kämpfen und aus allen Kräften 'heulen' gegen den wühlenden und vernichtenden Dämon der Jetztzeit".

Kinkel ermutigt die bedrängten „Genossen derselben Gesinnung" in Seelscheid - ebenfalls über die „Kölnische Zeitung - nicht klein beizugeben. Wohl im Blick auf Schulz fügt er ironisch-pastoral hinzu: „Lasset immerdar euer Licht leuchten vor den Leuten!"

Schärfer äußert sich ein Leser im „Wochenblatt für den Siegkreis": „Wer sollte nicht demokratische Grundsätze bekommen, wenn von heiliger Stätte...verkündet wird, daß das Werk der freien Verfassung vom 5. Dez. nicht würdig und im Jahre des Heils 1848 nur der Geist der Bosheit und Gottlosigkeit erwacht sei..."

So wie dieser Kritiker denken offensichtlich Viele; denn bei den Wahlen für die preußische Nationalversammlung im Januar kann Kinkel sich in Bonn mit 214 von 236 Stimmen gegen den konstitutionellen Kandidaten durchsetzen. Mit zwei weiteren Gesinnungsgenossen aus dem Bonn-Sieg-Kreis reist er als Mitglied einer starken Fraktion nach Berlin; in der Rheinprovinz sind inzwischen 37 der 61 gewählten Abgeordneten Demokraten.

Die meisten preußischen Parlamentarier sind dem Aufruf zum Steuerboykott, den sogar das Frankfurter Parlament unterstützt hat, nicht gefolgt. Als Aufstände niedergeschlagen wurden, haben sie applaudiert. Jetzt bekommen sie in Berlin neben dem König noch einen Führer nach ihrem Herzen: Otto von Bismarck-Schönhausen. Der adlige Protestant hat in der „Neuen Preußischen Zeitung" („Kreuz-Zeitung"), dem Kampfblatt der königstreuen Pietisten, militante Artikel geschrieben - gegen die „Frankfurterei", für die Rechte der Rittergutsbesitzer, und nach der Ermordung Robert Blums auch dies: „Wenn ich einen Feind in der Gewalt habe, muß ich ihn vernichten." Schließlich ist er dann Abgeordneter der zweiten Kammer geworden, in der Kinkel zusammen mit dem Kölner Kommunisten Karl D'Ester als Wortführer der „äußersten Linken" sitzt.

Am 22. März 1849 nähert sich das preußische Parlament nach tagelangen Debatten den grundlegenden politischen und sozialen Fragen. Bismarck definiert seine Position im Prinzipienstreit: „Die Prinzipien beruhen auf entgegengesetzten Grundlagen, die sich von Hause aus einander ausschließen. Das eine zieht seine Rechtsquelle angeblich aus dem Volkswillen, in Wahrheit aber aus dem Faustrecht der Barrikaden. Das andere gründet sich auf eine von Gott gesetzte Obrigkeit, auf eine Obrigkeit von Gottes Gnaden, und sucht seine Entwicklung in der organischen Anknüpfung an den verfassungsmäßig bestehenden Rechtszustand. Dem einen dieser Prinzipe sind Aufrührer jeder Art heldenmütige Vorkämpfer für Wahrheit, Freiheit und Recht, dem andern sind sie Rebellen, die unter Umständen allerdings durch die Amnestie gegen den Arm der weltlichen Gerechtigkeit geschützt werden können. Über diese Prinzipien wird nicht durch die parlamentarische Debatte, nicht durch Majoritäten von elf Stimmen eine Entscheidung erfolgen können; über kurz oder lang muß der Gott, der die Schlachten lenkt, die eisernen Würfel der Entscheidung darüber werfen."

Nach ironischem Beifall der Linken fügt er hinzu: "Es freut mich, meine Herren, daß sie die Wahrheit meiner Worte anerkennen, und uns wenigstens wird dabei die Überzeugung bleiben, daß wir in einem Kampfe gestritten haben, dessen Preis von dem irdischen Erfolge unabhängig ist."

Auf diese religiös überhöhte Kampfansage erwidert Kinkel am nächsten Tag, in der kommenden Entscheidungsschlacht werde seine Partei „den Geist, den Hunger, das Proletariat und den Zorn des Volkes in den Kampf führen". Die regierungstreue Presse reagiert heftig: Preußen kenne kein Proletariat - außer Kinkel und seinesgleichen. Man deutet an, daß er „schlechte Häuser" besuche. „Du solltest einmal lesen", schreibt er seiner Frau, „mit welch unerhörter Niedertracht die hiesigen Heulblätter über mich herfallen." Man halte ihn jetzt für den „äußersten der ganzen Linken, noch etwas dunkler als D'Ester". Emphatisch fügt er hinzu: „Es lebe die Republik im Blute Christi und Blums!"

Johanna Kinkel ist erleichtert. „Mein Glück und meine Liebe würden den unheilbarsten Stoß erleiden", hatte sie ihm kurz zuvor noch geschrieben, „wenn Du je mit der Partei der Ungerechtigkeit eine Versöhnung eingingest.

„Die unheiligen Lehren einer modernen, frivolen Weltweisheit"

In diesen spannungsvollen Wochen des Frühjahrs 1849 kommt es auch in der Lehrerschaft zu Polarisierungen, die durch scharfe Attacken des Preußenkönigs nur noch intensiviert werden.

Im Zuge des demokratischen Aufbruchs hat sich bereits im September des vergangenen Jahres der „Allgemeine Deutsche Lehrerverein" konstituiert. Örtliche Vereine und eine wachsende Zahl von Pädagogen haben aktiv in die politischen Auseinandersetzungen eingegriffen. In Preußen, Bayern und Württemberg wurde staatlicherseits bemängelt, vor allem die Volksschullehrer schwärmten in ihrer Halb- und Einbildung für republikanische Ideen und trügen nichts zur Abwehr von Sozialismus und Kommunismus bei. Im Dezember 1848 wurde in einer preußischen Zirkularverfügung beanstandet, einzelne an Parteikämpfen beteiligte Lehrer hätten „die gesetzlichen Schranken überschritten", seien sogar so weit gegangen, „ihren mit der bestehenden Staatsverfassung nicht übereinstimmenden Ansichten bei der unreifen und unerfahrenen Jugend Eingang zu verschaffen".

Die Sorge der preußischen Regierung ist übertrieben; die meisten Pädagogen sind eher gemäßigt in ihren Auffassungen. Repräsentativ für sie ist hier vor allem Friedrich Wilhelm Dörpfeld.

Friedrich Wilhelm Dörpfeld

Der in Wermelskirchen als Sohn eines Schmiedemeisters geborene Dörpfeld gehört zu den bedeutendsten Pädagogen Deutschlands. An den Gründungen wichtiger Organisationen und Vereinigungen in Schule und Kirche ist er maßgeblich beteiligt. Er ist einer der ersten, der das Prinzip freier Schulgemeinden vertritt, in denen Eltern, Kirchengemeinde und politische Gemeinde unter Vorsitz des Lehrers vertreten sind. Protestantisch-preußisch gesinnt ist er dennoch, nach eigener Auffassung „den Konservativen ein Ärgernis", zugleich aber „den Liberalen eine Torheit".

Nach Besuch des Lehrerseminars in Moers wurde er im Januar 1849 Hauptlehrer der lutherischen Elementarschule in Barmen-Wupperfeld. Einem Freund schrieb er nach seiner Ankunft dort:

„Wie auch die Ansichten hier in religiösen Dingen gemischt und gemengt sein mögen - ein Radikaler in diesen wie in politischen Dingen ist... aber durchaus unmöglich." In einer Ansprache zu Beginn seiner Tätigkeit erklärte er die Bildung des ganzen Menschen zu seinem Ziel, das er durch die Ereignisse des Vorjahrs besonders gefährdet sieht:

„Sie haben gewiß genugsam gehört von Leuten neuesten Datums, daß eine neue Zeit angebrochen, das Alte vergangen und alles neu geworden. Aber ist wirklich alles neu geworden und ist all das Neue besser? Freunde, ich glaube nicht an die neuesten Offenbarungen des Weltgeistes, wenigstens nicht aufs Wort. Diesen modernen Glauben oder Aberglauben, sei er Mode oder nicht, werde ich euren Kindern nicht predigen, auch nicht lehren lassen."

Dörpfeld will lokal und regional wirken. Deshalb läßt er sich im selben Jahr noch in den Vorstand des in der Rheinprovinz und Westfalen tätigen „Evangelischen Lehrervereins zur Förderung der häuslichen und öffentlichen Erziehung" wählen. Besonders wichtig erscheint ihm dabei die Stärkung des Mittelstandes, den er sich fromm und sittenfest wünscht. Dann sei er „ein starker Damm gegen Aufruhr und überstürzenden Fortschritt, aber auch ein williger, mächtiger Helfer bei allen nützlichen Reformen."

Friedrich Wilhelm IV. sieht diesen Damm in Gefahr. Die Lehrer vor allem sind seiner Meinung daran schuld, daß seine Untertanen aufsässig werden. Die schärfsten Vorwürfe erhebt er im Februar 1849 in einer Rede vor Seminardirektoren:

„All das Elend, das im vergangenen Jahre über Preußen hereingebrochen, ist Ihre, einzig Ihre Schuld, die Schuld der Afterbildung, der irreligiösen Menschenweisheit, die Sie als echte Weisheit verbreiten, mit der Sie den Glauben und die Treue im Gemüte Meiner Untertanen ausgerottet und deren Herzen von Mir abgewandt haben...

Nicht den Pöbel fürchte ich, aber die unheiligen Lehren einer modernen frivolen Weltweisheit vergiften und untergraben mir meine Bureaukratie, auf die ich bisher stolz zu sein glauben konnte...Doch solange ich noch das Heft in Händen führe, werde ich solchem Unwesen zu steuern wissen."

Friedrich Wilhelm IV., König von Preußen

Ein schlesischer Junker, Valerian Graf Pfeil, macht öffentlich Vorschläge, wie das geschehen könnte: „Die Schulmeister, die christliche Demut lehren sollen, die aber aufgeblasen sind wie die Feuerkröten und aus frevelhaftem Übermut die Kirche nicht mehr über sich dulden wollen, müssen von ihrem Amte gejagt werden, daß sie die Schuhe verlieren, und wie Galgenvögel muß man sie aus dem Land peitschen."

Auch wenn die preußische Obrigkeit diesem Ratschlag nicht wörtlich folgen mag, werden doch Dutzende Lehrer aus teilweise geringfügigen Gründen entlassen oder in den vorzeitigen Ruhestand versetzt. Die Schulbehörden sollen Fahrten zu „verdächtigen sogenannten Lehrerversammlungen" unterbinden bzw. ahnden. Der „Allgemeine Deutsche Lehrerverein" zerfällt in der Folgezeit fast völlig.

Widerstand im Rheinland

Am 28. März 1849 beginnt in Frankfurt die Lunte am Pulverfaß zu glimmen. Die Nationalversammlung verkündet die von ihr erarbeitete Reichsverfassung und wählt den Preußenkönig zum Kaiser der Deutschen - gegen den Widerstand der Demokraten. Fünf Tage später trifft eine dreiunddreißigköpfige Abgeordnetendelegation in Berlin ein. Friedrich Wilhelm IV. hatte schon vorher erklärt, er wolle keine Krone, die „mit dem Ludergeruch der Revolution" behaftet sei, keine „Schweinekrone", keine „Wurstbrezel, die nicht von Gottes Gnaden, sondern von Meister Metzger oder Meister Bäcker" käme, kein „Halsband aus ungegerbtem Leder". Er lehnt schlicht ab. Die Kaiserwahl sei Sache der Fürsten, erklärt er den Abgeordneten.

Die Frankfurter Nationalversammlung versucht danach lediglich, bei den Regierungen der deutschen Staaten um Anerkennung der Verfassung zu werben. Die größeren lehnen ab. In Berlin löst Friedrich Wilhelm IV. nach einigem Hin und Her die Zweite Kammer des Parlaments auf und droht mit Gewalt. Oberstleutnant Gustav von Griesheim, Direktor im preußischen Kriegsministerium, hält dazu ein Sprüchlein parat, das der Großherzog von Mecklenburg dem Preußenkönig mit der Bemerkung überreicht, nach seiner Ansicht sei „Goethe nie Besseres" gelungen:

„Also heulen durch das Land / die unsaubern Geister, / bis das Kreuz mit fester Hand / drüber schlägt der Meister. / Bei dem ersten Trommelklang / fahren sie davon mit Stank! / Gegen Demokraten / helfen nur Soldaten!"

Die Empörung in Deutschland ist groß. Anfang Mai beginnen bewaffnete Aufstände in der Rheinprovinz, in der bayrischen Rheinpfalz, im Großherzogtum Baden und in Sachsen. Der sächsische König verläßt Dresden und ruft preußische Truppen zu Hilfe. Schnell entflammen die Straßenkämpfe. Auch Richard Wagner und der Baumeister Gottfried Semper stehen auf der Barrikade, müssen schließlich mit den anderen fliehen.

Im Rheinland und in Westfalen organisieren sich Handwerker und Industriearbeiter immer mehr. Seit Anfang Mai wird der Widerstand täglich stärker.

3. Mai: 153 Landwehrmänner in Elberfeld treten einem Landwehrkomitee bei, das die Durchsetzung preußischer Regierungsmaßnahmen verweigert.

5. Mai: Junge Männer verweigern in Münster, Minden und Oelde den Wehrdienst.

6. Mai: Der Kongreß sämtlicher im Vorjahr entstandener „März-Vereine" fordert die preußischen Landwehrmänner auf, dem Beispiel ihrer Kameraden in Krefeld und Elberfeld zu folgen, den Dienst zu verweigern und der Verfassung treu zu bleiben.

7. Mai: Der Oberpräsident der Rheinprovinz warnt die Bevölkerung vor Aufruhr, der Militärkommandeur die Landwehr vor Meuterei. Bürgermeister verschiedener Städte raten dagegen der Staatsgewalt dringen davon ab, Militär einzusetzen.

8. Mai: Auch eine Landwehrversammlung in Düsseldorf beschließt die Wehrdienstverweigerung.

9. Mai: Nach der Niederwerfung der Volkserhebung in Sachsen erklärt der Preußenkönig das Mandat der preußischen Abgeordneten in der Frankfurter Nationalversammlung für erloschen. Das „Reichskabinett" tritt daraufhin zurück.

Über die Niederschlagung des Aufstands in Düsseldorf, bei der es sechzehn Tote unter der Bevölkerung gibt, schreibt Karl Krafft, der dortige Pfarrer, Kirchenhistoriker und spätere Mitgründer des Bergischen Geschichtsvereins fünf Wochen später „zur Erinnerung an die göttliche gnädige Bewahrung" ins Protokollbuch des Presbyteriums: „In der Nacht von dem 9ten auf den 10. Mai 1849 wurde...der Thurm der größeren Kathedrale mit Gewalt von den Aufrührern eröffnet und während der ganzen Nacht Sturm geläutet, so wie es auch in anderen Kirchen der Stadt geschehen ist. Erst gegen Morgen, als die Truppen Sr. Majestät des Königs von Preußen den Sieg erhalten hatten, wobei von den Soldaten keiner, von den Aufrührern aber mehrere, und zwei Personen aus unserer Gemeinde todt geblieben waren, wurde der Thurm, auf welchen auch zur Vertheidigung eine Menge Steine hinaufgetragen waren, von den Empörern geräumt."

Über Beweggründe der Aufständischen oder gar die Toten verliert der Pfarrer kein Wort, fügt aber im Blick auf das Gotteshaus hinzu: „Möchten die Glocken unserer Kirche nie mehr in gleicher oder ähnlicher Weise entweiht und mißbraucht werden."

In Elberfeld war auf einer Volksversammlung am 29. April eine Protestnote gegen die Auflösung der preußischen Kammer in Berlin und die Ablehnung der Reichsverfassung durch den König verabschiedet worden. Am 1. Mai hatte auch der Gemeinderat diese Maßnahmen mißbilligt.

Am 9. Mai spitzen sich Ereignisse dramatisch zu.

Nachdem die Mehrheit der Landwehr ihre Bereitschaft erklärt hat, die Reichsverfassung notfalls mit der Waffe in der Hand zu verteidigen, rückt preußisches Militär an. Oberbürgermeister Johann Adolph von Carnap, Kommerzienrat und Presbyter seiner Gemeinde, ein eher gemäßigter Mann, versucht vergeblich, das Militär zum Abzug zu bewegen. Empörte Menschen bauen Barrikaden und vertreiben eine Militäreinheit mit einem Steinhagel. Von Carnaps Haus wird demoliert, weil man ihn fälschlich für die treibende Kraft des Militäreinsatzes hält. Aus Solingen kommt solidarische Verstärkung durch die Bürgerwehr unter ihrem stellvertretendem Chef, dem Bierbrauer Hermann Roese. Ein Gefängnis wird gestümt. Der Kampf fordert erste Tote.

Oberbürgermeister und Polizeiinspektor, Ratsmitglieder und viele begüterte Familien fliehen aus der Stadt, unter ihnen auch Hermann Heinrich Grafe, Mitglied der reformierten Gemeinde, später sozial aktiver Gründer einer freien evangelischen Gemeinde. Der gelernte Handlungsgehilfe hat im Unternehmen seines frommen Schwiegervaters eine führende Position erlangt. Als Mitglied der Bürgerwehr fühlt er sich in Elberfeld nicht mehr sicher und flieht mit Gattin, Magd, Wärterin und zwei Kindern. Aus Gewissensgründen will er, der Reformen durchaus für notwendig hält, sich von keiner Seite in den Kampf ziehen lassen.

Am 10. Mai werden unter Beteiligung der Landwehr in Solingen und Elberfeld Sicherheitsausschüsse gebildet, in den Nachbarorten Gräfrath und Iserlohn Zeughäuser gestürmt und Waffen erbeutet.

In Opladen ergreift der evangelische Lehrer David Gottlieb Küpper für die aufbegehrenden Arbeiter öffentlich Partei, kann aber die Bevölkerung kaum beeinflussen. Er beteiligt sich auch an den Überlegungen, im Bergischen Land die demokratischen Forderungen notfalls mit Gewalt durchzusetzen. Größtes Aufsehen erregt er als Unterzeichner des Aufrufs, mit dem der „Solinger Sicherheitsausschuß" die Bevölkerung im Ernstfall für den Befreiungskampf gegen Preußen motivieren will. Diesem Ausschuß gehören neben Küpper der Solinger Kaufmann und „Rebellenführer" Jellinghaus, der Bierbrauer Roese, der Buchhändler Amberger und der evangelische Lehrer Heinrich Moll, in Leichlingen die evangelischen Lehrer Jacob Kahrmann und Moritz Würpel an.

Am 11. Mai zieht Küpper mit einigen Bewaffneten nach Leichlingen und fordert in einem Brief an Jellinghaus die Entsendung von 2000 Bewaffneten, „um die Leichlinger nötigenfalls zum Mitziehen zu zwingen". Er ist unermüdlich tätig, um ,Menschen zu sammeln, die von Hilden aus „als ein colossaler Zug nach Düsseldorf aufbrechen und auf imponierende Weise den Wunsch des Volkes der Regierung vortragen sollten", ohne von den Waffen

Gebrauch zu machen. Ein Plakat mit einem zündenden Aufruf an die Opladener Bevölkerung trägt seinen Namen und die seiner Mitstreiter Küster, der das Plakat druckte, und Friedrich Paffrath, in dessen Gastwirtschaft das Revolutionskomitee tagte.

Küpper, bislang Lehrer an einer Privatschule, nach dem Urteil des Solinger Landrats „ein fanatischer, verdorbener Mensch", ist der Einzige in Opladen, der öffentlich zum Kampf für die Freiheit Deutschlands aufruft.

Die Elberfelder Barrikade

Elberfeld, 11. Mai. Der Sicherheitsausschuß sorgt für einen normalen Wochenendmarkt. Man überlegt, wie auf dem bergisch-märkischen Schienenweg Lebensmitteltransporte gesichert, Militärtransporte aber verhindert werden können. 2000-3000 Freischärler sollen 14 Kompanien bilden.

Friedrich Engels, Vater und Sohn

In dieser Situation erscheint Friedrich Engels als Redakteur und Korrespondent der „Neuen Rheinischen Zeitung". Der in Barmen Geborene hält es für eine Ehrensache, „bei der ersten bewaffneten Erhebung des bergischen Volkes auf dem Platze zu sein". Unterwegs hat er zwei aus dem Gräfrather Zeughaus stammende Kisten Patronen mitgenommen und wird nun sogleich vom Sicherheitsausschuß beauftragt, „die sämtlichen Barrikaden der Stadt zu inspizieren und die Befestigungen zu vervollständigen". Auf Anfragen erklärt er ausdrücklich, er wünsche sich bloß mit militärischen Dingen zu befassen und „dem politischen Charakter der Bewegung ganz fremd zu bleiben". Es liege auf der Hand, daß bis jetzt nur eine „schwarz-rot-goldene Bewegung" möglich sei und daher jedes Auftreten gegen die Reichsverfassung vermieden werden müsse.

In den folgenden Tagen kommt es bei den Demokraten zu Streitigkeiten. Eine Minderheit will aktiv, militärisch Widerstand leisten, die Mehrheit nur passiv. Das Besitzbürgertum versucht - mit wachsendem Erfolg - abzuwiegeln und beim König eine Amnestie für die Stadt zu erreichen. Die Angst vor den Volksmassen und vor der „roten Republik" demoralisiert die Widerstandskräfte. Rote Fahnen - zum Teil Gardinen aus des Oberbürgermeisters demoliertem Haus - werden von den Barrikaden entfernt. An einer von ihnen kommt es zur legendären Begegnung zwischen dem frommen Vater Engels und seinem revolutionären Sohn.

Der Wuppertaler Werner Eggerath, nach dem Zweiten Weltkrieg Ministerpräsident in Thüringen, erzählt sie nach dem Hörensagen so: „Jenseits der Barrikade hat der alte Engels gestanden, der Vater, der Barmer Patrizier. Friedrich stieg auf ein Faß, näher zu seinem Vater, blieb ruhig, obwohl der andere heftig auf ihn einredete. 'Vater, das verstehst du nicht, kannst du nicht verstehen. Aber wer nicht entschieden und entschlossen gegen die Reaktion in jeder Form kämpft, der unterstützt sie - bewußt oder unbewußt - der hindert den Fortschritt... Der Geschichte kann man nicht ausweichen, Vater!'

Da hat sich der alte Engels umgedreht, seinen Knotenstock fester gepackt und ist verärgert fortgestampft."

Angesichts der durch massive Militärpräsenz bedrohlicher werdenden Situation ersucht der Sicherheitsausschuß Friedrich Engels am 14. Mai „unter voller Anerkennung seiner bisherigen, in hiesiger Stadt bewiesenen Thätigkeit", die Stadt „noch heute zu verlassen, da seine Anwesenheit zu Mißverständnissen über den Charakter der Bewegung Anlaß geben könnte." Arbeiter sind empört, Bürger erleichtert, Demokraten im Blick auf das weitere Vorgehen uneins. Schnell bricht der Widerstand zusammen.

Elberfelder Barrikade, im Vordergrund einGeschäftsbuch des Bankhauses von der Heydt-Kersten und eine Büste des Königs

Der Niederlage in Elberfeld folgen täglich weitere Rückschläge. Am 16. Mai wird über sämtliche Aufstandsgebiete der Belagerungszustand verhängt.

Friedrich Engels kommt später zu folgender Beurteilung der Situation: „Das insurgierte Elberfeld war von lauter angeblich *'neutralen'* Orten umgeben. Barmen, Cronenberg, Lennep, Lüttringhausen usw.

hatten sich der Bewegung nicht angeschlossen. Die revolutionären Arbeiter dieser Orte, soweit sie Waffen hatten, waren nach Elberfeld marschiert. Die Bürgerwehr, in allen Orten reines Instrument in den Händen der Fabrikanten, von ihren Fabrikaufsehern und den von den Fabrikanten gänzlich abhängigen Krämern zusammengesetzt, beherrschte diese Orte im Interesse der 'Ordnung' und der Fabrikanten. Die Arbeiter selbst, durch ihre mehr ländliche Zerstreuung der politischen Bewegung ziemlich fremd gehalten, waren durch Anwendung der bekannten Zwangsmittel und durch Verleumdung über den Charakter der Elberfelder Bewegung teilweise auf die Seite der Fabrikanten gebracht; bei den Bauern wirkte die Verleumdung vollends unfehlbar. Dazu kam, daß die Bewegung in eine Zeit fiel, wo nach fünfzehnmonatlicher Geschäftskrise die Fabrikanten wieder Aufträge vollauf hatten, und daß, wie bekannt, mit gut beschäftigten Arbeitern keine Revolution zu machen ist."

„Eine alttestamentliche Errettung" - Kirchliche Kommentare

Das kirchliche Verdammungsurteil über den Aufstand im Wuppertal ist ziemlich einhellig. Ludwig Feldner ist von Anfang an gegen ihn in seinen Predigten und in dem von ihm herausgegebenen „Kirchlichen Anzeiger" zu Felde gezogen, hat zum Gottesdienst zusammen mit seinem Kollegen Sigmund Jaspis die Glocken geläutet, ja sogar sich im Glockenturm verschanzt, um zu verhindern, daß sie für die Revolution geläutet würden. (Für diese Tat wird ihm später der „Rote Adler-Orden 4. Klasse" verliehen werden.)

Der aus Amsterdam stammende, von Daniel von der Heydt ins Wuppertal eingeladene Pfarrer Hermann Friedrich Kohlbrügge, Doktor der Theologie und Gründer der Elberfelder „niederländisch-reformierten Gemeinde", schreibt am 17. Mai an von der Heydts Neffen, den Bankier Johannes Wichelhaus:

„...Heute ist Himmelfahrtstag. Ich komme soeben aus der Abendpredigt. Vergangene Nacht ist der Sicherheitsausschuß in sich selbst zerfallen. Die Anführer oder Rädelsführer sind, ich weiß nicht wo. Die 800 Banditen, die in der Stadt terrorisieren, sind abmarschiert, ohne daß jemand sie getrieben oder gejagt hat. Diesen Vormittag um 11 Uhr, als ich zu Deinem Ohm Daniel ging, waren alle Barrikaden wie weggefegt.

Dein Ohm D. hat vergangene Nacht viel gelitten. 50 Bewaffnete haben ihn mit gezogenen Säbeln in der Nacht 12 Uhr aus dem Hause aufs Rathaus vor den Kommandanten von Mirbach gebracht, der ihm sagte, er müsse sein Haupt haben zum Unterpfand seines eigenen Hauptes. Dann hat man Deinen Ohm wieder abgeführt in eine Stube, welche von 50 bewaffneten, halb besoffenen Banditen erfüllt war. Gräßlich muß man ihn da zwei Stunden hintereinander gescholten haben. Endlich ist er doch, kein Mensch weiß wie, aus dem Rathaus entkommen. Da ist man ihm noch mit Säbeln nachgewesen und hat ihn steinigen wollen. Da er nach Hause kam, sank er ohnmächtig nieder.

Heute vormittag waren er und seine Frau und Kinder doch alle beruhigt, und diesen Abend waren wir alle in der Kirche. Kein Haupt fehlte. Es ist bis auf diese Stunde kein Militär gesehen worden. Ist das nicht eine alttestamentliche Errettung?..."

Hermann Friedrich Kohlbrügge

In einem weiteren Brief berichtet Kohlbrügge:

„Ein Gemeindeglied sagte zu mir: 'Herr Pastor, wir kommen ... wieder zusammen und singen dem Herrn Psalmen des Lobs und der Befreiung.' Ein anderer sagte: 'Der Herr ist gnädig, das habe ich gehört, und Elberfeld wird erlöst, nicht durch Militärmacht, nicht durch eine menschliche Hand; Gott allein soll die Ehre davon haben.'... Von unserer Gemeinde hat keiner, der zu Hause geblieben ist und Gott angerufen hat, etwas erlitten. Jetzt wimmelt es von Soldaten in Elberfeld. Die Hauptanführer sind bis auf einen, der verrückt geworden ist, entsprungen, aber der Kommandant und 127 Verführte sitzen gefangen..."

Die „Neue Rheinische Zeitung" kommt aus ganz anderer Sicht heraus zu einem vernichtenden Urteil über die Bourgeois, die „durch ihren Verrat den Angriff der Soldaten abhielten" und „durch ihre Feigheit der Achtung des tapfern Hohenzollern gewiß sein" dürften: „Die Stadt ist wieder für den kaufmännischen 'Verkehr' der Diebe und Beutelschneider geöffnet."

Der Preußenkönig aber dankt dem Gemeinderat, der Bürgerschaft und der Bürgerwehr der Stadt Barmen dafür, daß sie „während der beklagenswerten Empörung in der Nachbarschaft ihre alte mir wohlbekannte Treue aufs neue bewährt haben".

Daniel von der Heydt,
Bankier in Elberfeld

August von der Heydt, Preußischer
Minister für Handel, Gewerbe und
öffentliche Arbeiten

Scheltrede auf die Geschlagenen von Remlingrade

Während viele Rheinländer, darunter auch Friedrich Engels und Gottfried Kinkel, sich zur provisorischen Revolutionsregierung der Rheinpfalz nach Kaiserslautern durchschlagen, flieht eine andere Gruppe von Freischärlern aus Elberfeld in Richtung Lüttringhausen, weicht vor der dortigen Bürgerwehr aus und marschiert in Richtung Remlingrade weiter.

Die beiden früher befreundeten Pfarrer aus Radevormwald haben verschiedene Partei ergriffen. Der eine, Gottlieb Daniel Müller, reitet im Talar und mit Säbel als engagiertes Mitglied im „Verein für König und Vaterland" den Aufständischen entgegen, mit denen der andere, Carl Halver, der Präsident des konstitutionellen Vereins, sympathisiert. Halver ist unbewaffnet. Er kümmert sich seit Tagen um Verpflegung und besorgt ärztliche Hilfe für die Verwundeten.

Die Lage der geflohenen Freischärler ist hoffnungslos. Bei Remlingrade werden sie innerhalb weniger Stunden von Bürgerwehren der umliegenden Orte aufgerieben.

Den in Hückeswagen lebenden Juristen und Schriftsteller Vincenz von Zuccalmaglio regt dieses Ereignis zu einer Schimpfkanonade unter dem Titel „Die große Schlacht bei Remlingrade oder der Sieg der Bergischen Bauern über die Elberfelder Allerwelts-Barrikadenhelden" an, die 1849 zehn Auflagen erlebt. Er bezeichnet die Geschlagenen als „wahnsinniges Heldengeschmeiß, entsprungene Häftlinge, Steckbriefmänner, Döppchenspieler, faule Handwerksburschen, erschrecklich gelehrte Judenjungen, bankrotte Winkeliere und Gott der Herr weiß was all für souveränes Kommunistenpack aus Breslau, Frankfurt, Leipzig, Dresden, Berlin, Köln, Spandau, Krähwinkel, Mülheim, aus Frankreich und Polackenland vom Galgen geschnitten wie Spreu von allen Winden hergeweht, wie verdorbene Milch zusammengelaufen..."

Gewiß, Zuccalmaglio ist durchaus für Reformen. Freiheit und die Einheit des Vaterlands sind herrliche Güter, und er dankt schon jetzt denen, „die uns einst mit diesen Gütern beschenken werden". Doch für die Freiheit des „Barrikadengesindels" bedankt er sich „schon hundert Jahre im Voraus".

Die „Neue Rheinische Zeitung" kann auf diese Schimpfkanonade nicht mehr reagieren. Nachdem bereits Marx als Chefredakteur den Ausweisungsbefehl erhalten hat, erscheint am 19. Mai die letzte Nummer in rotem Druck mit einem Abschiedswort von Ferdinand Freiligrath: „Nun ade - doch nicht für immer ade! / Denn sie töten den Geist nicht, ihr Brüder! / Bald richt' ich mich rasselnd in die Höh', / bald kehr' ich reisiger wieder."

Später analysiert Friedrich Engels das mögliche Gelingen und Mißlingen von Aufstandsversuchen insbesondere im Rheinland: „Umzingelt von sieben Festungen, davon drei für Deutschland ersten Ranges, fortwährend besetzt von fast dem dritten Teil der ganzen preußischen Armee, durchschnitten in allen Richtungen von Eisenbahnen, mit einer ganzen Dampftransportflotte zur Verfügung der Militärmacht, hat ein rheinischer Aufstand nur unter ganz außerordentlichen Bedingungen Chancen des Erfolgs. Nur wenn die Zitadellen in den Händen des Volkes sind, können die Rheinländer mit den Waffen in der Hand etwas ausrichten. Und dieser Fall kann nur eintreten, wenn die Militärgewalt durch gewaltige äußere Ereignisse terrorisiert und kopflos gemacht wird oder wenn das Militär sich ganz oder teilweise für die Bewegung erklärt."

Der Sieg der preußischen Militärmacht animiert den Wuppertaler Pfarrer und Religionslehrer Hermann Bäcker noch 1908, anläßlich des Gedenktags der Schlacht von Remlingrade einen vaterländisch triumphierenden Roman („Roemryke Berge") zu veröffentlichen, der nach dem Ersten Weltkrieg in vierter Auflage erscheint. Deutsch-national und fremdenfeindlich zugleich ist seine Interpretation. Für ihn steht fest, daß der Aufstand „nur von fremder, frevler Hand ins Bergerland hineingeworfen" wurde, keine „in der Volksart wurzelnde Erscheinung" war.

Voller Begeisterung erinnert er an des Königs Aufgebot aus Radevormwald:

„Der reformierte Jünglingsverein an der Spitze, sein Vorsitzender, Herr Pastor Müller, gar den Säbel in der Hand, vorauf, kam mit schmetternden Posaunen, die sich damals in den christlichen Vereinen zuerst einbürgerten.... Kein waffenfähiger Mann aus diesem königstreuen Gaue fehlte."

Nationalistisch anfeuernde Worte an alte Kameraden sind es, die Bäcker dem berittenen Talarträger sodann in den Mund legt: „Heil euch insonderheit, ihr alten Kampfgenossen, die ihr schon einmal, 1813, nicht zu Hause bleiben wolltet, als der König rief und alle, alle kamen. Wieder gilt es, unsre Heimat zu verteidigen, zwar nicht gegen welsche Scharen, aber gegen welschen Geist, den Geist der Lüge und des Aufruhrs, der das Heer der Freischärler beseelt... Euer williges Erscheinen, mit den Waffen in der Hand den Umsturzmännern zu begegnen, hat bewiesen, daß es noch Tausende und Abertausende in unseren Heimatgauen gibt, die nicht ihr Knie beugen vor den Tagesgötzen der Aufstandsbewegung und Empörungswut, sondern mit Verachtung auf die meineidigen Abtrünnigen blicken."

Nach dieser Lob- und Scheltrede holt Bäcker alias Müller zum Gebet aus: „Du aber, Herr im Himmel droben, du Lenker der Schlachten, gib die nichtswürdigen Schreier, deren giftgeschwollene Zunge nichts als Lästerworte der Empörung redete, an diesem Tag in unsere Hand! Verleihe uns den Mut, sie gründlich auf das große Maul zu schlagen! Herr Zebaoth, sei mit uns, Gott Jakobs, sei du unser Schutz!... Wirf du das heilige Blutpanier empor, die rote Fahne, deren widerchristliche Entstellung und ruchloses Zerrbild des Umsturzheeres feuerflammiges Banner ist, und laß sie erliegen, deine Feinde unserm blutigen Sichelschlag und Winzerschnitt!..."

Mit dem alten Schlachtruf „Roemryke Berge!" und der Ermahnung, Deutschland zu lieben und Gott zu vertrauen, endet Bäckers Roman - nicht ohne passendes Schlußwort: „An deutscher Art und deutschem Wesen wird doch einmal die Welt genesen."

Kinkels „Begnadigung"

Während die ehemals großen Hoffnungen auf gesellschaftlichen Fortschritt durch Parlamentarismus immer mehr schrumpfen und das von Frankfurt nach Stuttgart ausgewichene „Rumpfparlament" Ende Mai 1849 vom Militär auseinandergejagt wird, vollzieht sich das Schicksal der Revolution mit der Niederlage der pfälzisch-badischen Aufstandsbewegung. Die aus Arbeitern, Handwerkern, Studenten, ehemaligen Soldaten und Offizieren zusammengewürfelte Revolutionsarmee wird von der überlegenen preußischen und württembergischen Militärmacht nach teilweise erfolgreicher Gegenwehr vernichtend geschlagen. Der inzwischen aus England zurückgekehrte Preußenprinz Wilhelm übt an dem Rest der Truppen, der im Juni in der Festung Rastatt kapituliert, grausame Rache. Hunderte sterben unter den Salven der Erschießungskommandos oder gehen in den feuchten Kasematten an Hunger oder Typhus zugrunde.

Nach dem Scheitern der Aufstandsbewegung im Rheinland hat Gottfried Kinkel am pfälzisch-badischen Feldzug teilgenommen und ist am 29. Juni verwundet und gefangen genommen worden. Die Nachricht von einer ihm drohenden oder schon vollzogenen Todesstrafe geht wie ein Lauffeuer durch Deutschland. Die monarchistische Presse hetzt, die liberale ist erschüttert. Die „Rhein- und Moselzeitung" reagiert melodramatisch. „Mit zitternder Hand fassen wir jeden neuen Morgen das Zeitungsblatt... Bis jetzt waren es, wie es scheint, nur Gerüchte von seiner Ermordung, die unser Herz trafen. Aber wer kann hier, fern dem neuen Golgatha in der

Pfalz und den schönen Oberlanden, wo weithin Leichengeruch aufsteigt als der Opferduft, nach dem die Throne des Absolutismus duften - wer kann hier wissen: Lebt Kinkel? wird er leben? oder hat ihn in dämmernder Morgenstunde eine fühllose Ordonnanz von seinem unruhigen Lager gescheucht, um den gefangenen Mann seinem Schicksal entgegenzuführen?..."

In seiner Erschütterung verliert sich der Zeitungsschreiber in verklärenden Visionen, sieht Kinkel vor sich - „das Haupt verbunden, das Antlitz bleich, aber noch den trotzigen Stolz auf den schönen Lippen, den Gedanken der Freiheit wie einen Zeustempel auf der makellosen Stirn, und in dem kühnen, liebenden Auge jenes Erlöserfeuer, das wir seltener bei Menschen als auf den besten Christusbildern gesehen haben."

Johanna und Gottfried Kinkel

Johanna Kinkel bangt um ihren Mann, ist verzweifelt. Sie bittet Bettine von Arnim, die Freundin aus Berliner Tagen, um Fürbitte beim König. Doch die früher vom König Verehrte gilt bei ihm inzwischen als „rote Demokratin". Sie versucht es trotzdem und erhält von Friedrich Wilhelm IV. die Antwort, er finde keinen Minister, der ihm die Begnadigung Kinkels unterzeichne.

Noch bevor sie in Berlin aktiv wurde, hat sich in Bonn ein Solidaritätskomitee gebildet. Ernst Moritz Arndt ist dabei - trotz heftiger politischer Bedenken gegen den Kollegen. Das Begnadigungsgesuch an Seine Königliche Hoheit den Prinzen von Preußen wird innerhalb von 18 Stunden von 11000 Menschen unterschrieben.

Währenddessen haben die Pietisten bei Hofe Stimmung gegen Kinkel gemacht: er habe in der preußischen Nationalversammlung gelacht, „sobald ein Redner das Wort Gott brauchte und sich auf das Christentum berief". Der König, leicht geneigt, solcher Greuelpropaganda Glauben zu schenken, hat überdies „von einem früheren Jugendfreunde Kinkels" Kenntnis von einem Gedächtnisprotokoll erhalten, wobei sich ihm - wie er Bettine von Arnim schreibt - das Haar gesträubt habe. Der Unglückliche bekenne darin „seinen Abfall von Christum, ach! was sage ich! seinen Abfall von dem Begriffe Gottes".

Bettine von Arnim ist geschockt. Sie eilt zu dem mit ihr befreundeten Schriftsteller Karl August Varnhagen von Ense. Der ist ebenso entsetzt: „Welch einen Blick giebt solch ein Brief!

Wer ist der edle Jugendfreund, der jetzt in der Todesnoth Kinkels dem Könige solcherlei Dinge zu lesen giebt, die jede Gnade erstikken sollen? Und mit welchen Gründen arbeitet die verruchte Rotte! Mit solchen, die eines Torquemada würdig sind. Und das soll christlich sein? Das heißt vielmehr, Christus mit rohen Fäusten ins Gesicht schlagen. Wölfe sind es im Schafspelz. Voltaire ist ein Heiliger gegen sie."

Da der König sich in seiner ablehnenden Haltung auf die Bibel und auf Luther beruft, sucht Bettine von Arnim nach entsprechenden Zitaten, die sich zu Kinkels Gunsten interpretieren lassen. „Richtet nicht, auf das ihr nicht gerichtet werdet!" heißt es in der Bergpredigt. Luther meint dazu: „Gott selbst will Richter sein und will nicht, daß Menschen richten, noch entscheiden, noch einander Rüge geben sollen."

In ihrem Brief zieht sie noch einmal alle Register: „Könnte ich sämtliche Evangelien und Episteln des Neuen Testaments zusammenschmelzen zur wahren Feuertaufe der Begnadigung in Eurer Majestät für alle Bedürftigen, dann hätte ich die Überzeugung, auf die christliche Gesinnung in Eurer Majestät in rechter Weise gewirkt zu haben. Ich vermag es nicht und muß abwarten, ob Gott die Glut der Barmherzigkeit in Ihnen entfache!"

Sodann wagt sie, mit den reaktionären Beratern und Einflüsterern des Königs hart ins Gericht zu gehen: „Was wissen jene Reaktionsmenschen, welche mit ihrer Ehre prahlen, wie mit ihrem klapperndem Degen und mit ihrem Gewissen, wie mit ihrem hölzernen Gesetz, die dem Herrn des Weinbergs auf die Finger sehen, daß er ihnen das meiste gebe und nichts den andern! und doch sind diese grad an allem schuld!... Die den Tod eines Menschen durch Zeitungsartikel herbeihetzen, diese haben keine Liebe, weder zum König, noch als Gatten, noch als Eltern, da sie es als nichts achten, ein Familienhaupt durch ihre übermütigen Einwendungen zum Schafott zu drängen!... Die da nachweisen, daß er Christo verlassen habe, während Kinkel im Kerker den dritten Teil der christlichen Kunstgeschichte vollendet."

Am 31. Juli diktiert der König in einem letzten Schreiben Bedingungen, bei deren Erfüllung er geneigt sein könnte, Kinkels Leben zu schonen. Er nennt ihn einen Verräter, der „das Blut meiner treuen rührend-tapfern prächtigen Jungen im Heere, im unehrlichen Kampf vergossen hat". (Nach eigenen Aussagen ist Kinkel überhaupt nicht dazu gekommen zu schießen.) Der Angeklagte soll bekennen: daß er seine geschworenen Eide gebrochen, seine Amtspflichten und Untertanentreue verletzt habe und nach göttlichen und menschlichen Gesetzen den Tod verdiene; daß er nun alles aufrichtig bereue und um sein Leben bitte.

Bettine von Arnim ist empört. Sie weigert sich, diese großinquisitorischen Bedingungen weiterzugeben.

Kinkel erhält in der Zwischenzeit zweifelhaften Besuch. Ein Pastor aus Elberfeld fordert ihn auf, sich von seiner Frau zu trennen, die ihn zu allem Bösen angestiftet habe. Nur die Zellensituation hält den Gefangenen davon ab, den bigotten Ratgeber vor die Tür zu werfen.

Johanna Kinkel schreibt an einen Freund: „Was ich leide in diesem Schwanken zwischen Rettungsträumen und Todesangst, mag ich dir gar nicht schildern. Dazu kommt noch, daß Kinkel in seinem Kerker einer moralischen Tortur preisgegeben ist. Geistliche, deren Bildungsstufe so ziemlich mit den Dominikanern des Mittelalters übereinstimmt, haben Zutritt zu ihm und bearbeiten ihn mit Bekehrungsversuchen... Mir ward eine Unterredung mit ihm hartnäckig verweigert und endlich erst auf Kinkels wiederholte Bitten in Gegenwart eines Offiziers gestattet. Die fromme Clique hatte mich fälschlich als die Anstifterin zur Rebellion denunziert."

Zu dieser Clique gehört auch der Pfarrer Willibald Beyschlag, ein Freund aus der heiteren Zeit des literarisch-musikalischen Zirkels. Er sucht Johanna Kinkel in Bonn auf, um sie und ihren Mann zu öffentlicher Reue zu bewegen. In seinen Lebenserinnerungen blickt der spätere Karlsruher Hofprediger mit äußerster Mißbilligung auf diese Begegnung zurück: „Ich irrte mich, da ich dachte, eine gebrochene oder auch nur gebeugte Frau zu finden; ich fand eine Überspannte, die selbst in diesem Augenblick auf die Rolle, welche ihr Mann gespielt, stolz war. Sie fing mit mir einen politischen Disput an und warf mir vor, ein Feind der Volksfreiheit zu sein. Ich erwiderte ihr, ich sei im Gegenteil ein aufrichtiger Freund derselben, aber der redlich erworbenen... So sei auch kein Segen bei Freiheiten, die auf Barrikaden errungen seien. Sie sah mich verwundert an und sagte: da haben wir zweierlei Religion. Es war das letzte Mal, daß wir uns im Leben begegneten."

Während sich die preußentreuen Frommen entrüsten, wird Gottfried Kinkel vom Militärgericht zu lebenslanger Festungshaft verurteilt - und vom König zu lebenslänglicher entehrender Zuchhausstrafe „begnadigt".

Der in die Schweiz geflüchtete, in Abwesenheit des Hochverrats angeklagte schwäbische Publizist Ludwig Pfau verfaßt ein religiös motiviertes Gedicht („Nach der Bluthochzeit von 1849"), in dem er die Empfindungen Vieler wiedergibt:

Wir harren all auf einen Tag,
Und der Tag, der Tag wird scheinen,
Für die Großen ein flammender Wetterschlag,
Und ein Ostertag für die Kleinen...
Der Tag wird kommen!

Religiöse Reaktionen auf die Rache der Staatsmacht

In kirchlichen Kreisen hüllt man sich im Blick auf die standrechtlich Erschossenen und die politischen Gefangenen, von wenigen Ausnahmen abgesehen, in Schweigen. Erleichterung und Genugtuung über den Sieg der Staatsmacht herrschen vor.

Der Dank-, Buß- und Gebetsaufruf des Kirchentages

Auf dem zweiten Evangelischen Kirchentag in Wittenberg im September 1849 triumphiert Ernst Ludwig von Gerlach, wie sein Bruder Leopold ein enger Parteifreund Bismarcks: Preußen habe auf der ganzen Linie gesiegt, alle Regierungen stünden wieder auf festen Füßen. In einem Kirchentagsaufruf zu einem Dank-, Buß- und Bettag wird Gott gedankt, daß er den Sieg über die empörerische Rotte geschenkt und Friedrich Wilhelm IV. neuen Mut ins Herz gegeben habe, der Revolution kühn entgegenzutreten, um „das Banner des Rechts und der Ehre" wieder zu erheben. Doch - so der Aufruf - „der tiefe Schaden unseres Volkes ist noch nicht völlig geheilt. Der höllische Geist, der zu seiner Verführung ausgegangen, schleicht im Finstern, aber er ist noch nicht gebannt... Er hat sein Gift unzähligen Bessergesinnten einzuflößen gewußt."

Besonders wendet sich der Aufruf gegen das unter dem Eindruck der Revolution im Jahre 1848 erlassene Gesetz, das die bürgerliche Gleichberechtigung nicht mehr von der Zugehörigkeit zu einer Religionsgemeinschaft abhängig macht. Es sei bedauerlich, daß der christliche Glaube und sein Bekenntnis nicht mehr für die „sicherste Bürgschaft ehrlichen Wandels, treuer und gerechter Verwaltung gelten soll". Die in Wittenberg Versammelten befürchten, daß falsche Freiheit auch in Zukunft zum Abfall weiterer Volkskreise von Gott führen werde.

Schützenhilfe hat der Kirchentag von Johann Hinrich Wichern bekommen, der im April dieses Jahres im Auftrag des Zentralausschusses der Inneren Mission seine „Denkschrift an die deutsche Nation" veröffentlicht hat. Darin wird jede Form der Revolution prinzipiell verdammt. Wichern bezeichnet sie als „Bruch jener Treue und das Grab dieser Ehrfurcht, mit welcher zugleich die Sittlichkeit und darum auch die Freiheit und das Heil des Volkes zugrunde geht". Sie bezwecke die Zerstörung der Religion und infolgedessen „aller Begriffe von Recht und Gesetz, von Freiheit und Wahrheit, also aller sittlichen Grundlagen der Gesellschaft".

Christliche Agitatoren in der Rheinprovinz - vor allem Pastoren, Kaufleute und Lehrer - kommen zu fast gleichlautenden Verdammungsurteilen. Auch Professoren gehören zu den wichtigsten Wortführern einer so gearteten Inneren Mission.

Moritz August von Bethmann Hollweg - der Politiker der „Inneren Mission"

Der in Frankfurt geborene Bankierssohn Moritz August von Bethmann Hollweg gehört zu jenen protestantischen Politikern, die erfolgreich an der Partnerschaft von preußischen Staat und evangelischer Kirche arbeiten. In jungen Jahren schloß sich der promovierte Jurist einer „christlich-deutschen Tischgesellschaft« an, die ihn entscheidend prägte. Führender Kopf war hier jener Adolf von Thadden, der auf seinem Gut zusammen mit den Brüdern Leopold, Ludwig und Otto von Gerlach einen „Kreis der Erweckten" versammelte. Der Einfluß dieser adligen Protestanten prägte so verschiedenartige Personen wie Otto von Bismarck und Ludwig Feldner.

1829 wurde von Bethmann Hollweg ordentlicher Professor an der juristischen Fakultät der Bonner Universität. Von 1842 - 48 war er dort Kurator und gleichzeitig außerordentlicher Regierungsbevollmächtigter. In dieser Eigenschaft unterstützte er die anfänglichen Reformen Friedrich Wilhelms IV.. 1845 wurde er Mitglied im Preußischen Staatsrat, 1849 im Herrenhaus. (1858 wird er Kultusminister werden.)

Seine kirchlichen Aktivitäten waren mit den politischen oft verbunden. 1846 nahm er an der preußischen Generalsynode teil und leitete wenig später eine „Evangelische Konferenz" mit Vertretern von 26 Landesregierungen, die den Beginn einer immer stärker werdenden Vereinheitlichung der evangelischen Kirche in Deutschland darstellte. 1848 wurde er zugleich Gründungspräsident des Deutschen Evangelischen Kirchentags und Präsident des Zentralausschusses der „Inneren Mission".

Im deutschen Herbst 1849 betont der prominente Laie auf einer „Predigerkonferenz" in Bonn die Wichtigkeit der Inneren Mission für eine Zeit, in der sich die europäischen Verhältnisse in einem „Auflösungsprozeß" befänden. Die Innere Mission sei das rechte

Heilmittel und der „in erfinderischer Liebe tätige Glaube" die alleinige Quelle einer „ethischen Regeneration". Die Zeitschrift „Stimmen aus und zu der streitenden Kirche" veröffentlicht sogleich ein Erinnerungsprotokoll seiner Rede, in der er mit allen Revolutionen scharf ins Gericht geht:

„...Wie neben dem Gifte die Gegengifte wachsen, so auch hier. Sei die Revolution die Quelle der Verderbnisse und der Auflösung, so sei auch eben so oft, als sie ein Stadium zurückgelegt habe, die innere Mission auf's Neue hervorgetreten... Als endlich 1848 die Revolution mit verstärkter Kraft ihren verderblichen Lauf antrat und mehr denn zuvor die Schäden des Volks aufdeckte, da folgte unmittelbar hinter ihr her die innere Mission in einer Kraft und Rührigkeit wie bisher nie zuvor."

Dem üblichen religiösen Erklärungsmuster folgend meinte von Bethmann Hollweg: „Gott der Herr mußte ins Mittel treten durch ein Strafgericht, was jeden einzelnen in Deutschland persönlich ergriff, eine Erschütterung, die durch und durch ging."

„Du behältst ja den christlichen Glauben..."

Ganz anders erschüttert als von Bethmann Hollweg ist Heinrich Heine nach dem gesamteuropäischen Ende der Revolution in seinem Gedicht „Im Oktober 1849":

Gelegt hat sich der starke Wind,
Und wieder stille wird's daheime,
Germania, das große Kind,
Erfreut sich wieder seiner Weihnachtsbäume.

Wir treiben jetzt Familienglück -
Was höher lockt, das ist vom Übel -
Die Friedensschwalbe kehrt zurück,
Die einst genistet in des Hauses Giebel.

Gemütlich ruhen Wald und Fluß,
Vom sanften Mondlicht übergossen;
Nur manchmal knallt's - ist das ein Schuß?
Es ist vielleicht ein Freund, den man erschossen...

Der ins Schweizer Exil geflohene Dichter Georg Herwegh, der einst in Tübingen Theologie studiert hatte, hat die politische Teilnahmslosigkeit der Deutschen schon einige Jahre zuvor in ähnlicher Weise beklagt:

Deutschland - auf weichem Pfühle
Mach dir den Kopf nicht schwer!
Im irdischen Gewühle
Schlafe - was willst du mehr?
Laß jede Freiheit dir rauben,
Setze dich nicht zur Wehr,
Du behältst ja den christlichen Glauben:
Schlafe, was willst du mehr?...

Synodale Schuldzuweisungen

Ganz und gar nicht schläfrig, sondern sehr lebhaft reagiert die Mehrzahl der preußischen Protestanten aus ihrer Sicht auf die Niederlage der Demokratiebewegung und der Revolution. So blicken die Abgeordneten der Elberfelder Kreissynode im Februar 1850 nicht nur dankbar auf das Ende des Aufruhrs zurück, sondern möchten die evangelischen Gemeinden an der Frage beteiligen, die sie bewegt und beschäftigt: „Was will der Herr mit Allem uns sagen?" Ihre Antwort: „Wenn nun jetzt, besonders in den letzten zwei Jahren, die Hand Gottes schwer auf unserem Vaterlande liegt, so daß es manchmal schien, als wäre den Gottlosen und Verderbern es in die Hand gegeben, Throne und Altäre umzustürzen und Alles zu verwüsten, so müssen große Verschuldungen vorhergegangen sein."

Die Schuld liegt für die Synodalen nicht nur bei denen, die Gott als seine „Zuchtruten" gebraucht. Ganz andere Sünden seien die Hauptursachen des göttlichen Zorns: „Völlerei und Trunksucht, dann Unkeuschheit und Unzucht und endlich Sonntagsentheiligung". Die Synodalen ermahnen deshalb die Eltern, Lehrer und Fabrikherren, Kindern, Schülern und Untergebenen den Weg zur Kirche, zum Gottesdienst zu weisen.

Armut und Elend werden im Zusammenhang sinkender Moral beiläufig erwähnt. Nach den gesellschaftlichen Ursachen des Elends wird nicht gefragt: „Wir sehen's ja mit sehenden Augen, wie Hand in Hand mit der überhandnehmenden Sonntags-Entheiligung der sogenannte Pauperismus gehet, die Bettelarmuth, die von Almosen leben muß. Aber schrecklicher als diese Verarmung an leiblichen Gütern, die wir, drohend genug, in unserm Volk überhand nehmen sehen, ist d i e Verarmung, da unser Volk als ein armes, geplündertes, des Evangeliums beraubtes in die Laster- und Diebeshöhlen der Volksverführer, der Blutgierigen und Falschen zu sinken droht..."

Im „Traktat 350" der Wuppertaler Traktatgesellschaft werden die Zeitereignisse ähnlich gedeutet, die Sünden der Regierenden und der Oberschicht allerdings viel ungeschminkter beim Namen genannt: „Hätte die weltliche und kirchliche Obrigkeit nicht selbst so viel Stroh und Stoppeln gebaut, dann hätten ja so ein paar Funken nicht ein solches Feuer entzünden können!... Unter den Abgeordneten des Volks, denen das Wohl des Landes am Herzen liegen soll, finden sich die Ausbünde von Liederlichkeit und Leichtsinn, von Gotteslästerung und Frechheit."

„Heil dir im Siegerkranz!"

Während die Unterlegenen der letzten Jahre ihre Toten beklagen und Tausende in die Schweiz, nach England oder Amerika auswandern, jubelt man in den christlichen Vereinen über die als göttliche Fügung verstandene Wende.

Ein Elberfelder Lehrer verkündet im „Jünglingsboten": „Unsere Zeit ist eine Auferstehungszeit; es weht wieder Frühlingsluft durch die Todtengebeine, es regt sich ein neues Leben überall in Anfängen".

Gerhard Dürselen spricht auf dem Stiftungsfest des Ronsdorfer Jünglingsvereins im deutschen Herbst 1849 den Wunsch aus, „die anwesenden Freunde und Brüder möchten im Geiste dem edlen Königspaare zu der bevorstehenden Silberhochzeit ihren Glückwunsch darbringen, nicht mit einem Hoch! sondern einem Amen! und jeder stimme stehend, mit erhobener Rechten in das Amen! ein!"

So geschieht es, und alle singen „Heil unserm König, Heil!"

Dürselen ermahnt die Festversammlung, den kommenden Geburtstag des Königs mit besonderer Dankbarkeit zu begehen; denn Gott habe „die Feinde niedergeworfen, Speere und Bogen zerbrochen und den Geist aus dem Abgrunde, der seine freche Hand an das gesalbte Haupt gelegt, in seine Schranken zurückgewiesen". „Die Gebete des Königs", meint Dürselen, „unsre Gebete mit ihm und für ihn, sind hinaufgekommen in das Gedächtnis vor Gott..."

Ein Festredner auf der Königsgeburtstagsfeier des Wupperfelder Jünglingsvereins wird wenig später im „Jünglingsboten" mit besonderer Anerkennung zitiert. Er habe „die vortreffliche innere Einrichtung unseres Landes im Vergleich zu anderen Staaten" und des Königs „viele Leiden und den herrlichen Ausgang seiner Geschicke" dargestellt, seine „Liebe zum Volk, auch zu uns Jünglingen, nachgewiesen" und „zur herzlichsten Gegenliebe und zum innigsten Dank gegen den himmlischen Geber aller Gaben aufgefordert". Stehend sangen die Wupperfelder Jünglinge „Ich bin ein

Preuße, kennt ihr meine Farben?", um das Festmahl mit dem Lied „Heil dir im Siegerkranz" zu krönen.

Auch Gedichtverse wie die folgenden werden in den Vereinen reichlich produziert und zur Ermahnung der Widerspenstigen im „Jünglingsboten" abgedruckt:

Was höret man in diesen Tagen
Von Leuten - die dem Geist nach blind -
Nichts spüren von Gewissensnagen,
Weil sie ohn' Selbsterkenntnis sind.
Wie lästern sie die Majestät,
Die hoch im Regimente steht!...

Doch leugnet dies der rohe Pöbel,
Er sagt es laut : Wir wollen nicht,
Daß Christus sei der Freiheit Hebel,
Wir sind es, die von läst'ger Pflicht
Durch unsern Arm uns machen frei,
Ohn' daß da Christus thätig sei...

Auf der dritten Generalversammlung des „Rheinisch-Westfälischen Jünglingsbundes" bekräftigt Gerhard Dürselen 1851 die Notwendigkeit der Gründung: „Die Stürme der Revolution hatten vor unseren Augen die Schleier von den Abgründen eines Verderbens abgehoben, in welches wir mit Entsetzen hineinblickten: wir sahen, wie der Geist der Empörung Tausende von Jünglingen in die Strudel einer Gottentfremdung, einer Zucht- und Sittenlosigkeit hineingezogen, von der das Äußerste zu befürchten stand."

Dürselen erinnert daran, daß mit dem Gründungsbeschluß der Wille verbunden war und noch ist, „ein Netz auszuspannen, um aus den verderblichen Strudeln zu retten, was sich noch wolle retten lassen".

In allen Publikationen der im Rahmen der „Inneren Mission" arbeitenden Institutionen und Vereine sind ähnliche Töne zu hören. Man fühlt sich nach dem preußischen Sieg verstärkt dazu herausgefordert, dem „heillosen Volk" wieder „Heil" zu bringen, „die Trutzfeste" im Volk zurückzuerobern, den „Lügengeist" zu verjagen und das Herz des Volkes zu bekehren, um es in die „christliche Gesellschaft" und den „christlichen Staat" zu integrieren.

Aber wie sieht dieser Staat aus? Wie sind hier Segen und Fluch, Armut und Reichtum, Heil und Unheil verteilt?

Die religiöse Unterstützung der Restauration

Völlig ungebremst sind die Erfolge Preußens in der Restaurationszeit der fünfziger Jahre nicht. Außenpolitisch erleidet die Regierung Rückschläge. Österreich gewinnt an Macht. Gegen Preußens Versuch, im Rahmen einer Konföderation die Führungsrolle zu übernehmen, protestieren Österreich und Rußland nachhaltig und erfolgreich. Der Deutsche Bund wird unter österreichischer Führung restauriert. Prinz Wilhelm von Preußen ist über die außenpolitische Niederlage dermaßen enttäuscht, daß er erwägt, seinen Degen dem königlichen Bruder vor die Füße zu werfen.

Zu allem Unglück entrinnt auch noch der prominenteste und von der Regierung meistgehaßte politische Häftling: Gottfried Kinkel. Er wird von seinem Freund Carl Schurz unter Mithilfe eines Gefangenenwärters auf abenteuerlichste Weise aus dem Zuchthaus befreit und kann sich mit ihm ins englische Exil retten. Der König beschimpft deshalb den Polizeipräsidenten von Berlin, Carl Ludwig von Hinckeldey, dermaßen, daß der Gedemütigte um seine Entlassung bittet. Der König beauftragt ihn stattdessen, die Aktivitäten von Marx, Engels und Kinkel in London durch seine dortigen Agenten verstärkt ins Visier zu nehmen.

Innenpolitisch kehrt Preußen zu den vorrevolutionären Zuständen zurück und stabilisiert seine Herrschaft. Die vom König „gewährte" Verfassung hat für die Mehrheit der Bevölkerung keinen Nutzen; das Wahlrecht ist allgemein aber indirekt - es werden Wahlmänner gewählt - und weder geheim noch gleich. Die Bevölkerung wird nach ihrer Steuerleistung in drei Klassen eingeteilt, deren Gesamtstimmen gleiches Gewicht haben, so daß tausend Reiche soviel gelten wie hunderttausend Arme.

An Stelle der Ersten Kammer, die eine Art Senat sein sollte, tritt nach englischem Vorbild das „Herrenhaus", zu dem nur Adlige und vom König Auserkorene Zutritt haben. 150000 Großgrundbesitzer und Adlige entsenden ebenso viele Abgeordnete in die parlamentarischen Körperschaften wie 400000 Industrielle und nahezu drei Millionen Kleinbürger, Arbeiter, Handwerker und Tagelöhner. Eine wachsende Schicht jüngerer Arbeiter und Handwerksburschen ist vom Wahlrecht überhaupt ausgeschlossen, da sie keinen festen Wohnsitz nachweisen kann. Frauen dürfen generell nicht wählen.

Stimmen aus dem Wuppertal

Carl Brockhaus und die Indoktrination der Kinder

Die Mehrheit der rheinischen Protestanten ficht diese Situation wenig an. Der Lobpreis preußischer Herrschaft bleibt weithin ungetrübt. Neben Pfarrern sind Lehrer tonangebend. Von nachhaltigem Einfluß in der Rheinprovinz ist hier der im sauerländischen Himmelmert geborene Lehrersohn Carl Friedrich Wilhelm Brockhaus, der seit 1848 an einer zweiklassigen Elementarschule in Elberfeld unterrichtet. Er wurde in der „Evangelischen Gesellschaft" und der „Wuppertaler Traktatgesellschaft" Sekretär, vor allem aber Mitgründer des Elberfelder Erziehungsvereins, der sich den aus ärmeren Schichten stammenden „verwahrlosten Kindern" missionarisch zuwendet. Als Ergänzung zum „Jünglingsboten" gründet und redigiert Brockhaus den „Kinderboten", der rasch hohe Auflagen erzielt. Immer wieder wird den zukünftigen Untertanen darin die in Preußen vorherrschende christliche Weltanschauung vermittelt.

Im März und Juni 1850 wird den Kindern zuerst in schlichten Worten die Revolution der vergangenen Jahre erklärt: „Ein Jeder wollte Recht haben und kein Mensch Unrecht. Der Tagedieb steckte die Hände in die Hosen und wollte essen, aber nicht arbeiten. In den Wirtshäusern und auf den Straßen und Gassen schwatzte und fluchte man drauf und drunter; aber ein Vaterunser wollte nicht über die Lippen. In großen und kleinen Städten spazierten Hunderte oder Tausende, mit dem Gewehr auf der Schulter, über's Straßenpflaster, und die ruhigen Bürgers- und Bauersleute zitterten am ganzen Leibe..."

Dem gängigen Erklärungsmuster folgend wird warnend hinzugefügt: „So geht's immer, wenn man die Wege des Herrn verläßt und die von ihm eingesetzte Obrigkeit mit Füßen tritt."

Möglicher politischer oder sozialer Kritik an der Obrigkeit begegnet der „Kinderbote" schlicht mit der Dämonisierung der Kritiker und ihrer Argumente: „...Da kommt dann der Teufel und zupft sie am Ärmel und spricht: 'Siehst du nicht, der hat mehr als du, das ist unrecht, du bist doch so gut wie der.' Oder: 'Was soll die Obrigkeit? die kostet nur Geld und du mußt immer bange vor ihr sein und kannst nicht thun, was du willst. Fort mit ihr!'..."

So werden die „lieben Kinder" vor dem „Untier Revolution" gewarnt. Sie sollen Gott danken, daß er sie davor bewahrt hat, und

ihn - in echtem Untertanengeist - bitten, daß er „den Reichen ein warmes Herz für ihre ärmeren Brüder gebe und Prediger und Lehrer mit seinem heiligen Geist erfülle".

Falls sie aber jemand „über die Obrigkeit lästern" hören, sollen sie ihm geschwind die ersten sieben Verse aus dem 13. Kapitel des Römerbriefes („Jedermann sei untertan der Obrigkeit...") vorlesen.

Der grundlegende biblische Begriff der Gerechtigkeit wird den Kindern hier in keiner Weise auch nur annähernd vermittelt oder gar veranschaulicht.

Gerhard Dürselen
und die Ideologie des königlich-christlichen Staates

Auch in Gerhard Dürselens Ausführungen über den preußischen Staat kommt der Begriff der Gerechtigkeit nicht vor. Der Wortführer Wuppertaler Kirchen und Vereine predigt am 18. Januar 1851 „zur Feier des dritten Jubiläums des preußischen Königshauses" in einem von der preußischen Regierung angeordneten Gottesdienst. „Nur um den Staat, der ein christlicher Staat ist, kann es wohlstehen", konstatiert der Prediger. Verderblich sei es, die Augen „nach Westen zu wenden und das armselige Franzosentum nachzuäffen". (Den „welschen Geist" hatte in früheren Jahren auch schon Friedrich Wilhelm Krummacher angeprangert.) Der preußische Adler und die schwarz-weiß-roten Farben seien das Panier der Christen. Und nur unter einem starkem Königtum könne Preußen gedeihen. Konstitutionalismus nach französischer Art passe nicht „in den von Gott geordneten Entwicklungsgang des preußischen Volkes" und würde nie Heil, wohl aber „unsägliche Verwirrung" bringen. Preußens König sei der Sohn eines freien Volkes, meint Dürselen und mahnt gleichzeitig: „Aber verwechseln wir Freiheit nicht mit jener Willkür, wo das ganze Volk regieren und jeder Schreier mitherrschen will."

An der von Zeitgenossen heftig diskutierten Frage, ob für größere Freiheit denn ein Parlament nicht doch sinnvoll sei, predigt Dürselen souverän vorbei. Für ihn herrscht da offensichtlich doch nur Geschrei.

Hurra und Halleluja
- militärische und zivile Begleitmusik

Innere Mission und Militärseelsorge

Preußische Garnisonprediger und Feldpröpste gab es - wie im ersten Kapitel erwähnt - bereits im 18. Jahrhundert. Ihre Arbeit wurde primär von den preußischen Königen geformt und dirigiert. Erst in der Restaurationszeit greifen die Kirchen als selbständiger werdende Partner stärker in die Gestaltung der Militärseelsorge ein.

Ende der fünfziger Jahre verfaßt der Rheinisch-Westfälische Provinzialausschuß eine Denkschrift über die „Marketendereien", die „Militärbibliotheken" und die seelsorgerliche Situation der Mannschaften. Der Berliner Zentralausschuß für Innere Mission berät die Anregungen der Denkschrift in einer Kommission unter Beteiligung „hervorragender Militärgeistlicher der Rheinprovinz" und mit „befreundeten hochgestellten Offizieren der Armee". Dabei wird der humanitäre Aspekt der Seelsorge hervorgehoben. Spezielle Themen sind der Aufgabenkatalog des Militärgeistlichen, die Soldatenfürsorge, die Zusammenarbeit von Militär- und Zivilkirche bei der Rekruteneinweisung, die „Kasernenstube als Stätte einer familienhaften und kameradschaftlichen Genossenschaft", das „patriotische vaterländische Interesse", die Errichtung von Soldatenkasinos und - heimen sowie die Betreuung mit angemessener Lektüre.

Über diese Themen berät sich der Zentralausschuß mit dem Feldpropst. Inhalt und Absichten der Gespräche werden vom Kriegsministerium sehr wohlwollend aufgenommen.

Hinzu kommen auf Initiative von Johann Hinrich Wichern „Feldmission" und „Felddiakonie" - und damit auch die Versorgung von Verwundeten. Im deutsch-dänischen Krieg von 1864 werden erstmals mit dem Sanitätspersonal auch die Angehörigen der „Feldmission" durch weiße Armbinde und „Rotes Kreuz" kenntlich gemacht, nachdem die „Genfer Konvention" diese Regelung kurz zuvor ermöglicht hat. Die „Felddiakone" finden als „spezielle Hilfen der Feldprediger" oder als „Gehilfen von Lazarettpfarrern" die ausdrückliche Anerkennung der militärischen Vorgesetzten.

Im Zuge einer ungebrochenen Thron- und Altar-Ideologie wird diese Form der Zusammenarbeit von keiner der beiden Seiten in Frage gestellt

Der preußisch-protestantische Lobgesang

Seit Luthers Liedern dringt der evangelische Gesang ins Bewußtsein vieler Menschen. In den Jahren nach der gescheiterten Revolution von 1848/49 dient er verstärkt der Verherrlichung des Gottesgnadentums, der preußischen Herrschaft und der Abwehr äußerer wie innerer Feinde. Der Untertanengehorsam wird religiös verklärt - für den Bürger wie für den Soldaten.

Soldatenlieder zur höheren Ehre Gottes und des Königs haben in Preußen eine lange Tradition. Bereits 1704 gab ein Garnisonprediger ein Gesangbuch heraus, das in der ganzen Armee verwendet wurde. 1822 erschien das „Kirchenbuch nebst einem Catechismus und einer Sammlung biblischer Sprüche und Gebete zur häuslichen Andacht und Erbauung für die Königl. Preußische Armee". Mit diesem Buch verfolgte Friedrich Wilhelm III. unter anderem den Zweck, die vorhandenen uneinheitlichen Gottesdienstordnungen durch eine einzige, für ganz Preußen gültige Liturgie zu ersetzen, um auch auf diese Weise die Bildung der Union der protestantischen Konfessionen („Lutheraner" und „Reformierte") voranzutreiben. Die von ihm selbst verfaßte Ordnung wurde für das Heer verbindlich.

Eine „neue, verbesserte Auflage" dieses Kirchenbuches erscheint nun 1850. Eine seiner wichtigen religiösen Funktionen besteht darin, den Soldaten auf seinen möglichen Tod für König, Volk und Vaterland vorzubereiten. So heißt es in dem Lied „Vor einer vermutheten Schlacht":

...Will's Gott, ich soll die Heeres-Fahn
mit meinem Blute färben -
„Was Gott tut, das ist wohlgetan!"
das bleibt mein Trost im Sterben.

Viel süßer auf der Wahlstatt Ruh'
als Fall in Feindes Hände;
Herr Christ, drück' mir die Augen zu!
Nichts, als ein sel'ges Ende!

So laßt uns, Brüder, tapfer sein,
nicht Tod, nicht Wunden scheuen!
Gott selbst wird unser Führer sein,
und uns mit Sieg erfreuen.

In einer früheren Fassung des Liedes wurde dem Soldaten versprochen, Gott würde ihn nach überstandenem Leiden mit ewigen Himmelsfreuden belohnen. An die religiös-rationalistische Vorstellung von Gott als einer Art himmlischem Regimentszahlmeister ist nun eine Mischung von christlicher Auferstehungshoffnung und musikalischer Landknechtsromantik getreten; heißt es doch in einem dieser alten Lieder: „Kein schönrer Tod ist in der Welt, als wer vorm Feind erschlagen".

Der Soldat soll wissen: Gott ist mit ihm, er ist Sein Werkzeug. Die Rache ist Sein - aber er bedient sich dabei des braven Soldaten:

Du strafst, o Gott, durch uns / den, der Dein Recht verachtet /
und uns in Frevelmuth / zu untertreten trachtet...

War früher vom „Friedefürst" die Rede, so jetzt mehr und mehr vom „Führer":

...O du, Herr Jesu Christ! / der du uns Führer bist, /
laß uns're Waffenthaten / zu Deiner Ehr' geraten, /
dem Feind zu Spott und Schande, / Freiheit dem Vaterlande!

Einprägsam sind sie, leicht zu lernen und zu singen sind sie, diese „Führer"-Lieder, die vor Aufsässigkeit und Widerspruch warnen:

...Du höchster Führer, Gott, verleih', / daß ich stets christlich wandle,
stets fromm getrost und tapfer sei, / nie frech und strafbar handle...

Den Liedern entspricht die Auswahl biblischer Zitate im „Kirchenbuch": „Mit dir kann ich Kriegsvolk zerschmeißen...", „Du hilfst uns von unseren Feinden und machst zuschanden, die uns hassen...", „Mit Gott wollen wir Taten tun; er wird unsere Feinde untertreten...".
Im Gebet wird den gefallenen Kameraden ewiger Lohn versprochen: „...Du wirst ihnen geben und vergelten nach ihrer Hände Werk und was sie um uns verdient haben." Eine etwaige Niederlage wird schlicht dem Soldaten in die Stiefel geschoben. Er soll erkennen, „daß wir mit unseren Sünden verdienet haben, was wir leiden". Sollte er, soeben noch religiös auf Sieg eingestimmt, sich zu sehr auf „Mut und Macht" verlassen haben, soll er auch dies erkennen: „Mit unsrer Macht ist nichts gethan, wir sind gar bald verloren."

Auch wenn die Botschaft, mit der die Militärseelsorge die Soldaten auf den Dienst mit der Waffe einstimmt, ihre besondere Note
hat, so unterscheidet sie sich doch kaum von der Ausdrucksfor-
men der Frömmigkeit in der normalen Ortsgemeinde.

Der im westfälischen Soest geborene Wilhelm Hülsemann ist in
diesem Zusammenhang einer der produktivsten Kirchenlieder-
dichter seiner Zeit. Er wirkte in Meinerzhagen und Elsey als Pfarrer, in Limburg zugleich als Schulinspektor und in Iserlohn schließlich als Superintendent.

An der Redaktion und Überarbeitung des „Rheinisch-Westfälischen Provinzialgesangbuchs" ist er 1835 und 1852 maßgeblich
beteiligt. Von seinen dreizehn Liedern wird freilich nur sein
„Königslied" populär. „Sei du dem Gesalbten gnädig, segne, segne
unsern König." - so der variable Refrain. Daß sowohl der himmli-
sche als auch der irdische Monarch den Sieg über innere und
äußere Feinde erringen hilft, ist Hülsemanns feste Überzeugung.
Jesus selbst ist dem „Gebot", den König zu „ehren", gefolgt - so

Evangelisches Liederbuch für das Rheinland und Westfalen, 1890

wird von ihm unterstellt:
...Gieb uns Mut in den Gefahren,
wenn der Feind uns ernst bedroht,
daß wir Treue dann bewahren,
gehen freudig in den Tod.
Du bist unser Siegspanier;
Gott mit uns, so siegen wir.
Deine Treue krönst du gnädig;
segne, segne unsern König.

Fürchtet Gott, den König ehret!
Das, o Herr, ist dein Gebot,
und du hast es selbst bewähret,
warst gehorsam bis zum Tod.
Wer dich liebt, der folget dir;
drum so beten alle wir:
Vor dem Bösen schütz uns gnädig,
Gott, erhalte unsern König...

Im Rheinisch-Westfälischen Provinzialgesangbuch folgt dem Lied von Hülsemann ein entsprechendes von Karl Grüneisen. Der Stuttgarter Theologe war Hofkaplan, Feldprediger, Hofprediger, Oberkonsistorialrat, Feldpropst und Prälat unter dem württembergischen König, Mitglied einer Gesangbuch- Kommission, Mitgründer von Vereinen für Kirchenmusik und christliche Kunst in der evangelischen Kirche Württembergs, bis er schließlich 1846 Oberhofprediger wurde. Ein seinem König zum Geburtstag gewidmetes Lied wird in der preußischen Rheinprovinz auf Friedrich Wilhelm IV. bezogen:

...Du hast ihm lebenslang / den Odem treu bewahret /
und auf manch strengem Gang / dich huldvoll offenbaret; /
du hast in seiner Hand / das Zepter stark gemacht /
und unser Vaterland / mit reichem Gut bedacht...

O segne, was wir flehn / an seinem Jahresfeste, /
und gieb zum Wohlergehen / ihm deiner Gaben beste: /
gieb, daß er nie vergißt, / noch wir, wie du so gern /
ein Herr und König bist / des Königs, unsers Herrn.

Der preußische Schutzherr der Kirche

Seit dem 17. Jahrhundert gilt Preußen als Hort verfolgter Protestanten, allen voran der französischen Hugenotten. Auch förderten die protestantischen Herrscher den Pietismus, eine damals komplexe Bewegung, der - oft im Gegensatz zu erstarrter lutherischer Orthodoxie - die praktische Durchdringung und „Heiligung" des Alltagslebens am Herzen lag. In Halle wurde damals eine pietistisch geprägte Universität und durch die Stiftungen August Hermann Franckes eine Schul- und Sozialarbeit ins Leben gerufen, die wegweisend auch für spätere Arbeit in der Rheinprovinz wurde.

Der Pietismus wurde eine Art Staatsreligion. Die Zeit Friedrichs des Großen, in der „jeder nach seiner Facon selig werden" konnte, blieb Episode. Die Ideologie des Gottesgnadentums und die Verbindung von Thron und Altar bestimmten das kirchliche wie politische Leben in Preußen immer mehr.

Die Verunsicherungen durch die Revolution von 1848/49 treiben die Kirchen nun noch enger an die Seite des Staates. Wie schon zuvor präsentiert sich der König - später der Kaiser - als eine Art Kirchenfürst und Schutzherr der Gemeinden und auch der kirchlichen Bauten.

Die Militär- und Zivilgemeinde in Koblenz

Am 23. April 1815 hat der Koblenzer Bürgermeister vor versammelter Bürgerschaft und paradierenden preußischen Truppen das Besitzergreifungspatent Friedrich Wilhelms III. verlesen. Unter Glockengeläut und Böllerschüssen befestigte man den preußischen Adler am Rathaus. Die Stadt wurde politisches und kirchliches Zentrum der Rheinprovinz, Sitz des Oberpräsidiums und des Konsistoriums.

Mit den Preußen sind verstärkt Protestanten in die bis dahin überwiegend katholische Stadt gekommen. Gottesdienste feierten sie schon seit 1793, und ein eigenes kleines Gotteshaus besaßen sie seit 1803, aber erst Friedrich Wilhelm III. setzte durch, daß die im Besitz der Stadt befindliche Florinskirche der evangelischen Militär- und Zivilgemeinde zur Verfügung gestellt wurde. Unter französischer Herrschaft hatte sie als Heumagazin gedient, jetzt sollte sie ein würdiger Raum für Beamte, Offiziere, Honorationen der Stadt und Soldaten-Regimenter werden. Der Monarch geruhte darüber hinaus, der Gemeinde für den Ausbau der Kirche sowie die Anschaffung von Glocken und einer neuen Orgel eine erkleckliche Summe „in höchster Huld aus dem Staatsschatze zu schenken". Die Sitzordnung in der Kirche sah folgende Rangfolge vor:

Koblenzer Florinskirche, Innenansicht mit Blick nach Osten

„Die Stühle im Chor zunächst an der Kanzel ... für die Königlichen Verwaltungsbehörden, die beiden ersten Sitze für den Oberpräsidenten und den kommandierenden General". Nachfolgend erhielten Pfarrer und Kirchenvorsteher ihren Platz zugewiesen. Der Mittelgang der Kirche wurde sehr breit offen gelassen, damit das Militär geordnet einmarschieren konnte.

1845 bestimmte Friedrich Wilhelm IV. die Florinskirche zum gemeinsamen Eigentum der evangelischen Militär- und Zivilgemeinde. Zwar war diese wegen der damit verbundenen finanziellen Verpflichtungen wenig erfreut, bedankte sich aber nach einigem Zögern überschwenglich: „...Geruhen Allerhöchstdieselben es daher huldvoll anzunehmen, daß wir...unseren ehrerbietigsten und heissesten Dank hierdurch aus treuem Herzen darzubringen wagen und in tiefster Ehrfurcht ersterben..."

Von 1850 bis 1857 residiert Prinz Wilhelm von Preußen als Militärgouverneur im Koblenzer Schloß, nachdem er den badischen Aufstand erfolgreich niedergeschlagen hat. Er legt Wert auf seine Verbindung zur Kirche, schenkt ihr 3000 Taler für die Errichtung eines Krankenhauses. Seine Gattin Augusta vereidigt alljährlich das 4. Garde-Grenadier-Regiment, ist im kirchlichen Bereich sozial-karitativ tätig und übernimmt die Schirmherrschaft über den Frauenverein.

Die Verbindung zwischen Kirche und Provinzregierung ist ebenfalls eng und herzlich. Der protestantische Oberpräsident Hans Hugo von Kleist-Retzow, Mitgründer der „Kreuzzeitung" und scharfer Gegner des rheinischen Liberalismus, hat gute Kontakte nach Berlin und gewährt der evangelischen Gemeinde vielfältige Unterstützung. Die Beamten und ihre Frauen engagieren sich im evangelischen Vereinswesen. Die Verbindung von Thron, Altar und Militär ist in Koblenz festgeknüpft und verleiht der Stadt einen besonderen Glanz. Aus Dankbarkeit werden später dem Kaiserpaar Denkmäler errichtet: Wilhelm I. auf dem Deutschen Eck und seiner Gemahlin Augusta in den von ihr kultivierten Rheinauen.

Der „protestantische Dom" in Köln

Im Januar 1842 hat Friedrich Wilhelm IV. durch Kabinettsordre die Vollendung des Kölner Doms angeordnet, im Februar in Anwesenheit zahlreicher Fürsten und Staatsmänner den Grundstein dazu gelegt. „Hier sollen sich die schönsten Tore der ganzen Welt erheben," so der Monarch. „Deutschland baut sie - so mögen sie für Deutschland durch Gottes Gnade Tore einer neuen großen guten Zeit werden. Und das große Werk verkündet den späteren Geschlechtern von einem durch die Einigkeit seiner Fürsten und Völker großen, mächtigen, ja den Frieden in der Welt unblutig erzwingenden Deutschland! Der Dom zu Köln, das bitte ich von Gott, rage über diese Stadt, rage über Deutschland, über Zeiten, reich an Menschenfrieden, reich an Gottesfrieden, bis an das Ende der Tage!"

„Erzwingen" sollte Deutschland den Frieden in der Welt, wenn auch unblutig. Groß und mächtig sollte es sein, dieses Deutschland. Die am Dom versammelte Menschenmenge applaudierte begeistert. Fürst Metternich, der in Koblenz geborene und in Österreich immer noch mächtige Staatskanzler reagierte skeptisch: „Das war ein wechselseitiger Rausch, der vielleicht gefährlicher für den ist, der ihn erzeugt, als für die anderen!"

In diesem Jahr verstärkte sich bei den Evangelischen in Köln der Wunsch nach einer repräsentativen Kirche. Auch der kunstsinnige König entwickelte Pläne für einen „protestantischen Dom". Unter der Bedingung, daß die traditionsreiche Antoniterkirche der Militärgemeinde überlassen würde, war er zu einer großzügigen Geldspende bereit. Doch das Kölner Presbyterium wollte dem Militär nur Gastrecht gewähren. Ergebnislose Verhandlungen, Geldmangel und die „Unruhen der Revolutionszeit" trugen dazu bei, daß sich der Kirchbau verzögerte.

Die Evangelischen in Köln hielten sich - anders als die im Wuppertal - unter dem Einfluß rheinpreußischer Beamten in ihren Reihen gegenüber den politischen Vorgängen in der Stadt bedeckt. Der Barrikadenbau, Karl Marx mit seiner „Neuen Rheinischen Zeitung", der Kölner Arbeiterverein, die demokratischen Vorstöße des Armenarztes Andreas Gottschalk - dies alles schien sie wenig zu berühren, findet zumindest in ihren Verlautbarungen keinen Widerhall.

Im Jahre 1851 kommt Friedrich Wilhelm IV. mit seinen Kirchbau-Plänen erneut ins Spiel. Den gotischen Baustil lehnt er ab, weil er zu teuer ist und Köln ihn bereits „in seiner größten Vollendung und Größe besitzt". Passend für die Stadt sei nur eine Basilika. „Will die Gemeinde nun dieser meiner wohlbegründeten Ansicht nicht beitreten" - so das königliche Machtwort - „dann mag sie sehen, wie sie zum Ziele kommt; auf meinen Beitrag darf sie nicht rechnen."

Nach einer königlichen Visite und manchem Hin und Her wird der richtige Bauplatz gefunden und der Grundstein gelegt. Stolz wird vermerkt, daß „die Spitzen der weltlichen und kirchlichen Behörden" anwesend sind: der Oberbürgermeister und die Stadtverordneten, der Polizeidirektor, die evangelischen Geistlichen der Stadt, der Stadtkommandant, der Regierungsbaurat und Dombaumeister Ernst Zwirner, der Direktor des Friedrich-Wilhelm-Gymnasiums, Hauptlehrer und viele andere.

Kölner Trinitatiskirche

133

Bei der Einweihung der nun Trinitatiskirche genannten Basilika kommen im Jahre 1860 noch weitere hohe Gäste hinzu: Seine Exzellenz der Kultusminister von Bethmann Hollweg, der Oberpräsident der Rheinprovinz und der Regierungspräsident, der Generalmajor, der Polizeipräsident und andere.

Die Erziehung zum geistlosen Untertan

Dem Sieg der Restauration folgt nicht nur eine Ausweitung der Zensurmaßnahmen und Berufsverbote, sondern auch der Versuch einer vollständigen Einschränkung kritischen Denkens in den staatlichen „Erziehungsanstalten".

Die ständig kontrollierten und attackierten Lehrervereine halten der Zermürbung nicht stand und zerfallen fast vollständig.

Der König verbietet im Jahre 1853, Beamte, Geistliche und Lehrer, die sich „in irgendeiner Weise politisch oder kirchlich vergangen haben", ohne seine Genehmigung zu befördern oder zu rehabilitieren. Sie alle sollen sich dem „Geist der Demut, des Gebets, der Liebe und der Gottesfurcht" unterwerfen.

Oft - wenn auch nicht öffentlich - zitiert wird in dieser Zeit ein schon im Vormärz verfaßtes Gedicht von Gottfried Kinkel:

Stets nur treu und stets loyal,
und vor allem stets zufrieden,
so hat Gott es mir beschieden,
folglich bleibt mir keine Wahl.
Ob des Staates alte Karren
Weise lenken oder Narren,
dieses geht mich gar nichts an,
denn ich bin ein Untertan.

Jeder Untertan und Christ
weiß den Dienst, und daß daneben
mit dem Staat sich abzugeben
keineswegs erspießlich ist.
Wer nicht herrscht, hört zu den Dummen,
also warum sollt ich brummen?
Dieses geht mich gar nichts an,
denn ich bin ein Untertan...

Ob mein Nachbar Bauersmann,
dem Kartoffeln nur noch blieben,
wird von Haus und Hof getrieben,
weil er nicht mehr leisten kann,
was für ihre Heldentaten
haben müssen die Soldaten,
dieses geht mich gar nichts an,
denn ich bin ein Untertan.

Die „Stiehlschen Regulative"

Einen eifrigen Vollstrecker seines Erziehungswillens findet Friedrich Wilhelm IV. in Ferdinand Stiehl. Der in Arnoldshain geborene Theologe war vor der Revolution Direktor am Lehrerseminar in Neuwied und wurde 1844 ins Kultusministerium berufen. Seitdem ist er für die Beaufsichtigung des Volksschul- und Lehrerbildungswesens zuständig. Durch Ausarbeitung einer neuen Schulordnung soll er im königlichen Auftrag dem „unheilvollen Einfluß des verpesteten Zeitgeistes" entgegenwirken.
Im Oktober 1854 verfaßt er in seiner Eigenschaft als „Geheimer Ober-Regierungs- und vortragender Rath in dem Königlichen Ministerium der geistlichen, Unterrichts- und Medicinal-Angelegenheiten" drei „Regulative", die in der Lehrerschaft und der

Öffentlichkeit sogleich einen Sturm der Entrüstung auslösen. Danach soll der Lehrplan der Lehrerseminare auf den in seinem Umfang ohnehin recht armseligen Wissensstoff einklassiger Dorfschulen reduziert werden. Nur der obligatorische religiöse Memorierstoff aus Bibel, Gesangbuch und Katechismus wird erweitert.

„Der letzte Zweck des Seminar-Unterrichts ist nicht, daß der Zögling lerne," so Stiehl, „sondern daß durch das im Unterricht vermittelte Lernen und Gelernte Leben geschaffen und der Zögling seinem Berufe gemäß herangebildet werde zu einem Lehrer für evangelisch-christliche Schulen, welche die Aufgabe haben, mitzuwirken, daß die Jugend erzogen werde in christlicher, vaterländischer Gesinnung und in häuslicher Tugend."

Adolf Diesterweg attackiert die Regulative als Landtagsabgeordneter in Berlin 1860 in einer ebenso sachlich fundierten wie taktisch formulierten Parlamentsrede:

„Ich halte sie für antipreußisch, indem sie dem Kinde nicht die Energie auf der Basis der Intelligenz mitteilen, deren der preußische Mann bedarf. Sie sind undeutsch, weil sie die deutsche Pädagogik, ihre Ergebnisse und Errungenschaften verleugnen; sie sind unzweckmäßig und unzeitgemäß, weil sie den Forderungen der Zeit keine Rechnung tragen, sie sind, mit einem Worte, allseitig und radikal reaktionär."

Diesterweg wirft Stiehl und seinen Vorgesetzten vor, daß sie primär „ein gläubiges Volk" wollen. Er selbst aber mit seinen Gesinnungsgenossen will „ein denkendes, aber darum nicht religionsloses Volk": „Die Herren der Regulative wollen ein sich den Autoritäten der Kirche und der weltlichen Macht blind unterworfenes Volk, wir wollen ein prüfendes Volk; jene wollen ein stillstehendes, stabiles, wir wollen ein fortschreitendes Volk."

Die sanfte Unterwerfung

Während der Theologe Stiehl christlichen Untertanengeist mit staatlichen und schulischen Machtmitteln fördern will, wirkt die christliche Traktatliteratur ohne äußerliche „Regulative" in die Gemeinden, Vereine und Familien hinein - meist ohne den preußischen Staat ausdrücklich zu erwähnen oder gar politisch beurteilen zu wollen. Auf der Basis der berühmten Ermahnung des Paulus, der Obrigkeit untertan zu sein (Römerbrief, Kapitel 13), wird von der Arbeitermission bis zur Erbauungsstunde im Jünglingsverein, vom Kirchenlied bis zur Kinderbelehrung Gehorsam gepredigt. Was die „Regulative" befehlen, ist hier längst als „Verpflichtung" verinnerlicht, die in ein als göttliche Ordnung verstandenes Harmoniemodell eingebettet ist, in dem der Segen die Pflicht weit in den Schatten stellt. So heißt es etwa 1852 im „Jünglingsboten": „Bei den Verpflichtungen aber, die uns als Bürger des Staates und Einwohner der Stadt obliegen, haben wir auch Theil an den Segnungen dieser göttlichen Ordnung. Wir werden geschützt in unsern bürgerlichen und christlichen Unternehmungen, daß wenigstens die sichtbaren Feinde unserer Wohlfahrt unsere Einrichtungen, die für unser eigenes oder der Nächsten Wohl bestehen, nicht zerstören können. Ferner, wenn wir aus dem engeren Kreis hinausgehen, haben wir Theil an den Segnungen des Allgemeinen."

Diese Ausführungen werden gekrönt von einer Begründung, die keine ist, die vielmehr fern jeder reformatorischen Theologie in „fundamentalistischer" Weise ein aus Angst geborenes Sicherheitsstreben und Schutzbedürfnis ausdrückt: „Deshalb danken wir Gott dafür, daß uns das große Glück zu Theil geworden ist, einen christlichen Regenten zu haben, wodurch uns mehr die großen Segnungen als die Verpflichtungen in die Augen treten, da ein christlicher Staat auch ein guter Staat ist; denn das Christenthum will Ordnung in allen Dingen, und alle Lebensverhältnisse werden durch das Christenthum geweiht und geheiligt, geordnet und verbessert."

Sozialarbeit
zwischen Thron und Altar

Der gescheiterten Revolution folgt für die herrschenden Kreise eine Zeit wirtschaftlichen Aufschwungs. Die Schwerindustrie, die Metall- und Textilindustrie und andere Wirtschaftszweige expandieren in ungeahntem Ausmaß. Das Eisenbahnnetz wächst ständig. Die Nettoinvestionsrate der Volkswirtschaft erreicht 12% Prozent jährlich. Der Aufschwung macht das Bürgertum stark und verleiht ihm ein neues Selbstbewußtsein.

Doch der Gegensatz zwischen arm und reich wächst. Die Preise für Grundnahrungsmittel steigen, die Löhne der Arbeiter nehmen, von der Kaufkraft her gesehen, ab 1851 ständig ab. Dabei ist ihnen jede gewerkschaftliche Organisation, jede Lohnabsprache und erst recht jeder Streik bei schwersten Strafen verboten. Die Masse der Lohnarbeiter lebt am Existenzminimum, zum Teil sogar darunter. Für ein Dienstpferd in einem begüterten Haushalt werde mehr ausgegeben „als ein freier Arbeiter nebst Familie in der Regel zu verdienen imstande ist", bemerkt eine zeitgenössische Statistik. An der Schwindsucht genannten Tuberkulose stirbt in Berlin jeder dritte Tagelöhner und fast jeder dritte Weber.

In seinem Gedicht „Die Armen" beklagt der Barmer Fabrikantensohn und Textilkaufmann Gustav Reinhard Neuhaus die von ihm hautnah erlebte Ausbeutungssituation und den quälenden Hunger der stets Unterbezahlten:

...Das ist für ihren blut'gen Schweiß!
Der Lohn für ungezählte Qualen! -
Das ist der Dank für ihren Fleiß,
womit die Reichen sie bezahlen! -
Das ist, was stumm das Auge spricht,
Und schwer wie Stahl und Eisen drückt;
Das ist, was auch das Auge bricht,
Und vor der Zeit die Leiber knickt:
*   - Der Hunger.*

In kirchlichen Kreisen bleibt man dem Elend der Menschen gegenüber keineswegs gleichgültig, befürchtet aber gleichzeitig wachsende Unzufriedenheit und neue revolutionäre Bestrebungen. Mit verstärkter Sozialarbeit und entsprechenden Vereinsgründungen möchte man beiden Gefahren begegnen.

Neugründungen und Hilfsaktionen

Neben dem für verlassene und verwahrloste Kinder im Neukirchener (Kreis Moers) „Erziehungsverein" sind in den vierziger und fünfziger Jahren ähnliche Vereine in Elberfeld, Barmen, Ronsdorf, Simmern, St. Johann, St. Goar, Saarbrücken entstanden. Hinzu kommen in vielen Orten Waisenhäuser, „Rettungsanstalten" für Verelendete und so verschiedenartige Einrichtungen wie die Anstalt für „gefallene Mädchen" in Boppard oder die „Herberge für dienstlose evangelische Mägde" in Koblenz.

Diakonische Arbeit wird in den meisten evangelischen Gemeinden der Rheinprovinz geleistet. In Köln etwa entsteht ein

140

„Versorgungshaus" für alte, hilflose und unheilbar kranke Menschen, ein „Frauenhaus" als Asyl für in Not geratene Frauen und ein Waisenhaus, in Düsseldorf bereits in den vierziger Jahren eine Armen-Nähschule, eine Waisenanstalt und ein Krankenhaus. 1858 beginnt hier eine „Gemeindeschwester" ihren Dienst für Arme und Unbemittelte in der Gemeinde. Sie soll „sowohl der leiblichen Pflege sich annehmen, als auch den Kranken Trost und Mahnung aus Gottes Wort darbringen".

Als ein „rheinisch-westphälisches Liebeswerk" ist die Anstalt Hephata gedacht, die 1859 in Mönchengladbach gegründet wird. Niederrheinische Gemeinden, die beiden Provinzialkirchenleitungen und der Provinzialausschuß für Innere Mission in Langenberg haben hier mitgewirkt, um den bisher zu wenig beachteten geistig behinderten Menschen eine Heimat zu geben.

Der in Hamm an der Sieg geborene, aus pietistischen Kreisen herauswachsende Friedrich Wilhelm Raiffeisen hat bereits 1847 ländliche Hilfsvereine gegründet, die sich nun in den fünfziger Jahren zu Genossenschaften und Kassenvereinen mit Selbsthilfecharakter entwickeln. Das Motto seines Handelns entnahm Raiffeisen der biblischen Aufforderung, den Nächsten wie sich selbst zu lieben.

Auf dem Barmer Kirchentag und Kongreß für Innere Mission wird 1860 von gutwilligen, teilweise kuriosen Bemühungen berichtet, jungen Fabrikarbeiterinnen zu helfen. So habe ein Elberfelder Textilindustrieller einen Gesangverein begründet, dem 200 der bei ihm beschäftigten jungen Mädchen beigetreten seien. Die Gesangstunden seien in die Arbeitszeit eingeschlossen. Ein anderer Fabrikbesitzer versamle jeden Mittag für eine Stunde alle Fabrikmädchen zum Unterricht in weiblichen Handarbeiten unter Leitung einer Diakonisse, die vorlese und Ratschläge gebe. „Unverkennbar", heißt es in den Kirchentagsprotokollen, sei „durch diese Einrichtung der Geist christlicher Zucht, Ordnung und Fröhlichkeit in der Fabrik gefördert worden".

Nächstenliebe und Ordnungssinn sind auch Grundpfeiler von Theodor Fliedners Diakoniewerk, dessen Impulse mittlerweile in alle Welt ausstrahlen. In Berlin, Breslau, Königsberg und Neuendettelsau entstehen ähnliche Einrichtungen wie in Kaiserswerth. Fliedner selbst ist bereits 1849 mit vier Diakonissen in die USA gereist und hat dort ein Mutterhaus in Pittsburgh gegründet. In den kommenden Jahren ist er in Jerusalem bei der Gründung einer Mädchenerziehungsanstalt und eines Krankenhauses dabei. In einem Hospital in Konstantinopel übernehmen Kaiserswerther Schwestern die Leitung. In Smyrna, Beirut, Bukarest und Florenz entstehen Diakonissenlehrhäuser, in Alexandrien ein Diakonissenhospital. Bei der 25-Jahr-Feier 1861 hat Kaiserswerth 380 Diakonissen und Probeschwestern und 83 auswärtige Stationen. Daneben existieren 26 selbständige Mutterhäuser, von denen 13 in einer „Generalkonferenz" zusammengefaßt sind.

Clemens Theodor Perthes und die „Herbergen zur Heimat"

Um die von Verarmung bedrohten und den Einflüssen sozialistischer Gruppen ausgesetzten Handwerksgesellen in christliches Milieu zu integrieren oder heimzuholen, wollen ihnen einige in der Inneren Mission engagierte Protestanten in Bonn gemeinsames Wohnen unter der Regie eines christlichen Hausvaters ermöglichen. Motor dieser Bemühungen ist Clemens Theodor Perthes, Sohn eines bekannten Hamburger Buchhändlers und Verlegers, Student in den Seminaren seines Vorbilds von Bethmann Hollweg und seit 1838 Professor für Deutsches Staats- und Privatrecht. 1846 wurde er Stadtverordneter und zugleich Mitglied der städtischen Armenverwaltung, 1849 schließlich noch Organisator der Inneren Mission in Bonn, des aktivsten rheinischen Ortsvereins. Politisch bedeutsam wird seine Freundschaft mit Albrecht von Roon, dem Adjutanten des Prinzen Friedrich Karl von Preußen und späterem Kriegsminister.

Clemens Theodor Perthes

Anregungen für die Idee, wandernden Handwerksgesellen eine Heimat zu bieten, findet Perthes in den Schriften Johann Hinrich Wicherns. Auch Adolf Kolping, der 1853 das erste Gesellenhaus in Köln einrichtet, gibt ihm starke Impulse. Nach ebenso intensiver wie mühsamer Geldbeschaffung kann er im Mai 1854 in Anwesenheit von Meistern und Gesellen, Kaufleuten und Rentnern, Doktoren und Professoren die erste „Herberge zur Heimat" in Deutschland eröffnen. Nach kurzer Vorrede kommt er auf ein wesentliches Gründungsmotiv zu sprechen:

143

„Im Jahre 1848 wurden, das wissen wir Alle, die bösen Kräfte losgebunden und stürmten gegen menschliche und göttliche Ordnung. Damals wurden Viele, die nicht mitmachen wollten, bange... Aber andere, denen das Jahr auch nicht gefiel, meinten, der liebe Gott habe den Menschen die Hände nicht gegeben, um sie über den Kopf zusammen zu schlagen, sondern um sie zu gebrauchen, damit das Böse besser werde."

Perthes grenzt sich klar nach links ab. Andererseits hat er sich zuvor erfolgreich gegen Tendenzen durchgesetzt, die Gesellen in der Herberge zu missionieren. Er betont, das Haus stehe allen Gesellen offen - „ohne Rücksicht auf Vaterland, Confession und Gewerbe".

Es ist ein gewinnfreies Unternehmen auf Selbstkostenbasis, einigermaßen gesichert dank großzügiger Zuwendungen des preußischen Königs, die feierlich zu erwähnen Perthes nicht vergißt: „Daß das Haus dasteht und in Wirksamkeit tritt, das haben wir nächst Gott unserem Könige zu danken; ohne sein Geschenk hätten wir es nicht erbauen können; stehen Sie auf, meine Herren, und bringen Sie mit mir unserem Könige den Dank. Unser lieber, guter König, er lebe hoch!"

In einem Vortrag vor dem Provinzialverein für Innere Mission geht Perthes im August 1854 auf die Nöte der Gesellen ein, die aufgrund der gesellschaftlichen Veränderungen aus festen Familiengefügen vielfach herausgefallen sind. Er spricht davon, daß sie vom siebzehnten, achtzehnten Lebensjahr mit ihren Leidenschaften und Lüsten ganz allein stünden, anfällig auch für „revolutionäre Einflüsterungen". Die durch den wirtschaftlichen Wandel bewirkten Verhältnisse könne man nicht ändern, meint der konservative Protestant. Aber innerhalb der neuen Verhältnisse könne man helfen und bessern. Und da sei die neue Herberge der richtige Ort, um einen heilsamen Einfluß auf „verwilderte" Wandergesellen auszuüben. Hier könne in der Fremde das Vaterhaus, die Heimat vertreten werden.

In seiner Schrift „Das Herbergswesen der Handwerksgesellen" analysiert Perthes 1855 die tiefgreifenden Veränderungen im Handwerksberuf. Die Zünfte haben sich weitgehend aufgelöst. Manche Meister sind zu Fabrikanten geworden, andere sind verarmt, beschäftigen kaum noch Gesellen und Lehrjungen. Von den 1465 Gesellen in Bonn haben nur 387 Wohnung und Kost beim Meister. Die übrigen mieten sich eine billige Schlafstelle. Hunderttausende Wandergesellen sind unterwegs. In Bonn übernachten im Jahr etwa 20. 000. Ihnen stehen nur 20 Herbergen zur Verfügung, Alkohol und Glücksspiele füllen die Abende.

Perthes' Ziele sind nüchtern und klar: Er wirbt im Raum der Kirche für die Einrichtung und Vernetzung von Häusern der offenen Tür mit solidem Wirtshauscharakter unter christlicher Leitung, aber mit ungeschriebener Hausordnung.

1867 stirbt der protestantische Professor und Pionier der Inneren Mission an einem Herzleiden. Bereits 1860 hat er die Leitung des Hauses aus Gesundheitsgründen abgeben müssen. (Ob er sich während der Revolutionsjahre mit dem Kollegen Gottfried Kinkel auseinandergesetzt hat, der sich als Sozialist für die Handwerker einsetzte, ist nicht bekannt.)

Perthes' Idee setzt sich langsam, aber stetig durch. Bis 1862 entstehen neun Herbergen. 1870 sind es 54 allein in der Rheinprovinz. Sie geben gelegentlich Anstoß auch zu weiteren Aktivitäten. So sorgt die Herberge in Köln für eine Hausbibliothek und Vortragsabende. Sie bietet den Gesellen die Vermittlung von Arbeitsstellen an und unterstützt deren Initiative zur Gründung einer kleinen Sparkasse. In Koblenz und Düsseldorf entstehen die Herbergen auf Initiative der Männer- und Jünglingsvereine, aus denen sich später die Ortsvereine des „Christlichen Vereins junger Männer" (CVJM) entwickeln.

Das Regulativ der Armenfürsorge

Bereits 1789, im Jahr der Französischen Revolution, hat das „Bergische Magazin", die erste regionale Wochenzeitung im Bergischen Land, auf die strukturellen Ursachen der Armut aufmerksam gemacht: „Das Gesetz des Eigenthums brachte Ungleichheiten im Vermögen hervor;... solange keine außerordentlichen Staatsveränderungen entstehen, die sie zerstören, so häufen sich die beweglichen Güter in der bürgerlichen Gesellschaft...und die ungleichen Verhältnisse werden auffallender."

Die traditionelle karitative Arbeit der Kirchen stieß angesichts des wachsenden Elends in dieser Zeit mehr und mehr an ihre Grenzen. In der Stadt Elberfeld folgte man deshalb dem Beispiel der Stadt Hamburg, in der kurz zuvor durch den Magistrat eine „Armenanstalt" gegründet worden war, löste die Armenfürsorge aus den traditionellen kirchlichen Bindungen und entwickelte sie zu einer sozialen Institution in kommunaler Verantwortung. Elberfeld wurde in acht Bezirke zu je vier Quartieren eingeteilt. Für jedes dieser Armenquartiere wurde ein ehrenamtlich tätiger Pfleger zuständig, der das Bindeglied zwischen den Bedürftigen und der Armenverwaltung darstellte. Zwar gehörten der ersten Verwaltung noch Vertreter der Kirchen an, aber ihr Einfluß beschränkte sich auf beratende Funktion. Als Armenpfleger dieser „Allgemeinen Armenanstalt" wirkten 1843 Angehörige fast aller Berufe mit - Fabrikanten, Kaufleute und Handwerksmeister ebenso wie Ackerer und Bandwirker.

„Gemeingeist und reger Bürgersinn" sind Triebkräfte, die die Initiatoren dieser Arbeit bewegt haben. Sie haben damit den Armen aus dem Ghetto des mittelalterlichen Armenhauses befreit. Sie ließen ihn in seiner gewohnten Umgebung und motivierten ihn, so weit wie möglich für sich selbst zu sorgen.

Doch aufgrund der wirtschaftlichen und gesellschaftlichen Gesamtentwicklung wuchs die Armut sozusagen auch über die Köpfe der Armenpfleger hinaus. „Je mehr indeß die Armuth wächst", schrieb im März 1848 das „Elberfelder Kreisblatt", „je unheilvoller sie der Stadt zu werden droht, desto mehr müssen die Bürger auf ihrer Hut sein, diesem Übel zu wehren und zu vermindern suchen, wenn ihnen ihr eigenes Wohl am Herzen liegt..."

Aufgrund der miserablen Lohnsituation wagte das Kreisblatt eine eindeutige Schuldzuweisung: „Die wachsende Armuth ist durch unsere Fabrikanten heraufbeschworen..."

Die Bürger, auch die Fabrikanten, sind auf der Hut. Im März 1850 liegt dem Gemeinderat eine „Denkschrift des Armen-Comitees" zur Umgestaltung der Armenpflege vor. Unterzeichner sind neben anderen Oberbürgermeister Johann Adolph von Carnap und Daniel von der Heydt, der kirchlich engagierte Bruder des preußischen Finanzministers und des Königs guter Freund. Die Denkschrift empfiehlt, die Armenpflege so weit wie möglich wieder der Kirche zu überlassen.

Die öffentliche Armenpflege verschlinge Unsummen ohne spürbaren Erfolg. Bekanntermaßen sei die Kirche eher geeignet und in der Lage, die Bedürftigen „mit Rath, Ermahnung, schonender Aufsicht ernst und beharrlich im Auge zu behalten", auch der „betrübenden Entsittlichung eines großen Theils der unterstützten Armen" besser entgegenzuarbeiten und ihnen zu helfen, ihr eigenes Brot zu verdienen. Sie allein könne zudem den erkalteten „Wohltätigkeitssinn" der Bürger neu beleben und durch „lebendigen Liebeseifer" dazu beitragen, das „bürgerliche, städtische Zusammenleben der Bewohner erwünschter" zu gestalten.

Die Angst vor erneutem Aufruhr in der Stadt ebenso wie vor größer werdenden Löchern im Finanzhaushalt ist hier deutlich spürbar. Ein brisantes politisches Problem soll in den halbprivaten Bereich zurückverlagert werden. Die Kirchen als Krisenmanager sind wieder gefragt - und zögern. Sie können oder wollen die Kosten, die auf sie abgewälzt werden sollen, nicht tragen. Lediglich die wohlhabende Niederländisch-Reformierte Gemeinde erklärt sich bereit, ihre eigenen Armen - nur diese - wie bisher zu unterstützen.

Nach vergeblichen Kompromißbemühungen auch finanzieller Art scheitern die Urheber der Denkschrift vor allem an der generellen Weigerung der Kirchen, die Armenpflege als Auftrag der bürgerlichen Gemeinde zu übernehmen. Sie sei - so die reformierte Gemeinde - „prinzipiell und wesentlich ein Anderes als die nach dem Worte Gottes in der Ordnung unserer Kirche gegründete christliche Diakonie". Die lutherische Gemeinde, mit der ein kurzes Teilabkommen geschlossen wird, fügt hinzu, daß der Arme „nichts zu fordern" habe und Armenpflege „etwas durchaus freiwilliges" sei. Eine der Hauptaufgaben sei es, die Armen auf den rechten Weg zurückzuführen, da sie offensichtlich „mit ihrem Erwerb nicht Gottes Willen gemäß umgehen" könnten.

Für die liberalen Kräfte in Elberfeld sind die knochenharten Auffassungen und Vorschläge der Kirchen, die einem Rückfall ins 18. Jahrhundert gleichkommen, inakzeptabel. In dieser Situation legt eine Kommission, der federführend Daniel von der Heydt und der christlich-reformfreudige Fabrikant David Peters angehören, einen Plan vor, der nach einigem Hin und Her am 1.1.1853 als „Neue Armenordnung für die Gemeinde Elberfeld" in Kraft tritt. Danach bilden 4 Stadtverordnete und 3 wahlberechtigte Bürger die Verwaltung. Mitglieder der Kirchen sind darin nicht vertreten. Ein vereinfachtes Bewilligungsverfahren verschafft 150 Armenpflegern einen größeren Handlungsspielraum und sichert den Betroffenen eine raschere, unbürokratische Hilfe zu. Die Finanzierung geschieht nicht mehr wie zuvor aus Mitteln einer Armensteuer, sondern aus dem planmäßigen Etat.

Dieses „Elberfelder System" wird 1863 von Barmen und Krefeld und in der Folgezeit von vielen Städten des In- und Auslandes übernommen. Der Preußenkönig, der sich schon in den Aufstandsjahren auf seinen Freund Daniel von der Heydt hat verlassen können, überschüttet ihn wegen seiner sozialpolitisch klugen Taten zusätzlich mit Orden und Ehrenzeichen. Von der Heydt erhält den Titel „Geheimer Kommerzienrat", das Komturkreuz des

Hohenzollerschen Hausordens, das Ritterkreuz des Kronenordens dritter Klasse und einen Sitz im preußischen Herrenhaus. Seine wirtschaftliche Position kann der Geehrte zusätzlich zu seinem florierenden Seidenhandel weiter ausbauen: als Direktor der Bergisch-Märkischen Eisenbahn und als Präsident der Rheinischen Dampfschiffahrtsgesellschaft. Seiner Gemeinde bleibt er dabei als Kirchmeister treu. Daß er als Vorsitzender der Armenverwaltung nicht nur aus sozialen oder karitativen Gründen heraus handelt, macht er 1864 unmißverständlich deutlich:

„Es ist ein Verdienst der neuen Ordnung, binnen 11 Jahren mehr als 30.000 Taler an Almosen erspart zu haben; es ist das größte Verdienst, die demnach wirklich verausgabte, ungefähr ebenso große Summe an wirklich Arme, der Hilfe Bedürftige gespendet, aber die ersparte Summe als ‚Almosen' nicht nur nicht verausgabt, sondern die an die Befriedigung ihrer Ansprüche auf Almosen gewöhnten und eben dadurch zum Proletariat herabgewürdigten Familien und Einzelne auf die eigene Arbeit ihrer Hände angewiesen, Widerspenstige vor den Strafrichter geführt, Eltern mittels Ermahnung oder Anwendung des Gesetzes verbunden und im allgemeinen in weiten Kreisen Sitte und Ordnung und Gefühl von Ehre und Pflicht hervorgerufen zu haben."

*

Während im Wuppertal Männer in Kirche und Kommune mit heißem Herzen oder kaltem Kalkül Armenfürsorge betreiben, lebt und wirkt dort eine Frau, der kein Orden winkt und der vor ihrem Tod keine offizielle Ehrung zuteil wird, die nur die Volksschule besuchte, deren Herzensbildung und Tatkraft aber in ihrer Heimat Jahrzehnte lang unvergessen bleiben. Als der Elberfelder Pfarrer Wilhelm Busch 1906 auf Anregung der „Evangelischen Gesellschaft für Deutschland" eine Biographie über „Tante Hanna - ein Wuppertaler Original aus neuester Zeit" veröffentlicht, erlebt das kleine Buch innerhalb weniger Monate 5 Auflagen.

Johanne Wilhelmine Keßler, die 1825 in einer armen Elberfelder Arbeiterfamilie geboren wurde, begann neunjährig nach dem Tode des Vaters in einer Seidenfabrik Geld zu verdienen, um die fünfköpfige Familie durchbringen zu helfen. Spontane Bereitschaft und pietistische Frömmigkeit motivierten sie zu tatkräftiger Nachbarschaftshilfe und zur Mitarbeit in einer „Sonntagsschule" für Kinder. Als junge Erwachsene begann sie, Kranke zu pflegen. Nach beharrlichen Bitten erhielt sie die Erlaubnis, Menschen im Gefängnis zu besuchen, die sie durch ihr Mitgefühl und ihre Frömmigkeit stärken, in einem Extremfall auch vom Selbstmord abhalten konnte.

1853 gerät sie in die unglückliche Ehe mit Wilhelm Faust, einem schwer alkoholkranken Arbeiter, den sie mit großer Geduld erträgt.

Anfang der sechziger Jahre entschließt sie sich, im „Elendstal", einer der ärmsten Gegenden am Rande Elberfelds, ein „Vereinshaus" zu gründen. Nach anfänglichem Spott helfen ihr die Männer des „Elendstals", aus Hölzern und Brettern eine Kapelle zu zimmern.

„Tante Hanna" (Hanna Faust)

Durch beharrliches Betteln bei Handwerkern, Fabrikanten und einigen Kommerzienräten bringt sie genug Baumaterial für ein ordentliches Haus zusammen - sogar mit Schiefern und Schlagläden an der Wetterseite. Ihre fromme Solidarität wirkt in einem Maße ansteckend, daß Wohn- und Lebensqualität im „Elendstal" sich deutlich verbessern.

Bis ins hohe Alter hinein bleibt sie unermüdlich tätig. Als sie 1903 zu Grabe getragen wird, folgt dem Sarg eine kaum übersehbare Menschenmenge, darunter Fabrikanten, Arbeiter, Kaufleute, Tagelöhner, Pfarrer, Lehrer, Bettler - Männer, Frauen und Kinder. Die Polizei muß den Eingang des Friedhofs von der andrängenden Volksmasse freihalten, damit die Teilnehmer des Leichenzuges zum Grab gelangen können. „Eck well äwer to mine Hanna Faust", sagt eine alte Frau, die zurückgedrängt wurde, mit solcher Hartnäckigkeit, daß ihr der Weg geöffnet wird.

Andreas Bräm's Arbeiterfürsorge und die Innere Mission

Zu den wenigen, die sich in der Restaurationszeit intensiv und hartnäckig um die „Arbeitersache" kümmern, gehört der aus Basel stammende Andreas Bräm. Der Sohn eines armen Druckers war Hauslehrer, Gymnasiallehrer und Dozent an einem Missionsseminar, bevor er 1835 Pfarrer in Neukirchen (Kreis Moers) wurde. Er kaufte ein Bauernhaus, nahm dort heimatlose Kinder auf und gewann Pflegeeltern für sie. 1845 gründete er den „Neukirchener Erziehungsverein", der als „Verein zur Erziehung armer, verlassener und verwahrloster Kinder in Familien" staatlich anerkannt wurde. 1848 gehörte er zusammen mit Ludwig Feldner zu den Initiatoren der Evangelischen Gesellschaft für Deutschland. Ein Jahr später integrierte er seinen Verein in den Zentralausschuß der Inneren Mission, deren aktiver Mitarbeiter er nun wurde. In Anerkennung der geleisteten Vereinsarbeit verlieh der Preußenkönig Andreas Bräm bei seinem Besuch in der Grafschaft Moers - Anlaß war deren 150jährige Zugehörigkeit zu Preußen - den Roten Adlerorden IV. Klasse - den der Geehrte freilich aus christlicher Demut heraus niemals trug.

Für die „Arbeitersache" hatte sich Bräm bereits in den dreißiger Jahren durch Publikationen stark gemacht. Er hatte die Gewinnsucht in Industrie und Handel angeprangert und die Fabrikanten zu mehr Liebe und Fürsorge für die Arbeiter aufgefordert, deren Los er durch Krankenkassen und Altersversorgung verbessert sehen wollte.

Auf dem 11. Evangelischen Kirchentag in Barmen hofft er 1860, sein Engagement für verelendete Arbeiterkinder zu einem gesamtkirchlichen Anliegen machen zu können. Eine entsprechende Kommission, die aus den „angesehensten christlichen Fabrikanten und Bürgermeistern des Wuppertals" gebildet wird, tritt freilich danach nicht ein einziges Mal zusammen.

Bräm klagt nicht nur über dieses „gestrandete Schiff", sondern auch auf dem nächsten Kirchentag 1862 darüber, daß die soziale Frage in den Hauptreferaten nicht mehr behandelt wird.

Andreas Bräm

In der Folgezeit besucht er Industrieorte im Elsaß, wo er sich über Arbeiterwohnungen, Pensionskassen, Krankenkassen, Fortbildungskurse, Sparkassen und Kleinkinderasyle informiert. Als er darüber 1864 auf einem weiteren Kirchentag berichten will, muß er erleben, daß diesmal die soziale Frage völlig unter den Tisch fällt.

Doch entmutigen läßt er sich nicht. „Die Noth des Volkes spiegelt uns wider", so 1866 seine Mahnung im „Korrespondenzblatt" des Erziehungsvereins, „was wir alle verschuldet haben, denn wir wirken Alle aufeinander. Mögen wir doch aufwachen aus unserem falschen Optimismus, der keine Schatten sehen will, aus dem trägen Genuß unserer Vorzüge; mögen wir prüfen: welchen Einfluß hat unsere Stellung, unser Stand, unser Leben..." Das Eintreten für die Arbeiter sei kein gutes Werk, das man tun oder lassen könne. Das bisher Geschehene sei „nur eine geringe Abschlagszahlung einer ungeheuren Schuld, die wir gegen sie auf der Rechnung haben".

Doch auch in Ausschüssen der Inneren Mission kann Bräm nicht mehr erreichen als auf Kirchentagen. Resignierend notiert er 1867: „Wir saßen fleißig zusammen, fabrizierten ein Schriftchen, einen Aufruf. Das Ding wurde gedruckt, vertheilt, dabei blieb es. Der Erfolg war = 0." Immerhin kann er 1868 eine bescheidene Bilanz des Erreichten ziehen:

„1) Der Vertrag der Fabrikherren in Gladbach und Viersen, keine Überstunden mehr zu machen und die Arbeit über 11-12 Stunden täglich als bloße Absorbierung der Kräfte zu erklären.

2) Die Anstellung von Stadtmissionaren und Stadtdiakonen in Elberfeld und Barmen, die wesentlich dem Arbeiterstand zugute kommt.

3) Der sociale Verein in Barmen aus Gliedern aller Richtungen und Farben bestehend...

4) Die Fabrikmädchen-Nähschulen mit Helferinnen und Einwirkung auf den Geist der Mädchen in M'Gladbach, Rheydt, Mörs, in Elberfeld (7 größere und kleinere) und Barmen (2 größere und wahrscheinlich bald 3-4 kleinere)...

5) Endlich wünscht die Direktion des Barmer Vereinshauses für diesen Winter Vorträge für die Arbeiter im Vereinshause zu veranstalten..."

Gemessen an der von Bräm selbst erkannten ungeheuren Schuld den Arbeitern gegenüber sind das höchst bescheidene Erfolge. Bräm bleibt bei Allem auf Hilfe „von oben", von den Fabrikherren her fixiert. Der mittlerweile organisierten Arbeiterbewegung gegenüber wahrt er äußerste Distanz, wie er in einem von der Wuppertaler Traktatgesellschaft veröffentlichten Beitrag („Bilder aus dem Arbeitsleben") zu erkennen gibt. Da spricht er von Leuten, die „zur Feindschaft gegen die Wohlhabenden und die Brotherren" aufreizen, die „thun, als ob keine Liebe mehr in der Welt sei", die „verkündigen, daß deswegen Alles mit Gewalt ertrotzt und genommen werden müsse". Ohne den Namen des Frühsozialisten Pierre Proudhon zu nennen, fragt er: „Wie kann ein Mensch, der noch einigen Respect vor Gottes Wort hätte, das schändliche Wort jenes Franzosen glauben: Eigenthum sei Diebstahl, da doch der Herr es ist, der unter den Menschen die Güter austheilt und dabei seine wichtigen Zwecke hat."

Welche wichtigen Zwecke er meint, führt Bräm nicht weiter aus, prangert vielmehr - wiederum ohne Namensnennung - offensichtlich Karl Marx an: „Ebenso verhält es sich mit dem Worte eines Deutschen, daß Kapital und Arbeit gegenseitig in einem unversöhnlichen Kriege gegeneinander sich befinden und daß dieser Krieg und Streit von Seiten der Arbeit recht sei und von den Vertretern derselben bis auf's Äußerste und mit allen Mitteln ausgefochten werden müsse."

Für Bräm ist das ein „giftiges Wort". Für ihn ist nur ein einziger Streit legitim: der „zwischen dem Hochmuth, Unglauben und der Eigensucht, die sich auf beiden Seiten finden und den heiligen Pflichten der Liebe und Treue Beider." Er bleibt bei dem vorherrschenden Dogma stehen: Das vorhandene Staatswesen ist gottgegeben, und der Obrigkeit muß man untertan sein. Nur so kann die Gesellschaft in Ordnung bleiben. Die Liebe allein heilt alle Wunden.

Von diesem resignativen Harmoniemodell aus redet er auch den Arbeiterfamilien gut zu, gibt der „Arbeitsfrau" gute Ratschläge für die Ordnung im Alltagsleben: „Jedes Ding soll einen bestimmten Platz haben und dann muß man auch jedes Ding an seinen bestimmten Platz legen…Wasche in den ersten Tagen der Woche und suche dir am Waschtage deine gute Laune zu bewahren, und denke daran, auf welche Weise nicht nur Haut und Kleid, sondern auch die Seele gereinigt oder gewaschen werden mag."

Ordnung ist für Bräm das halbe Leben: „Ordnen, reinigen, waschen und ausbessern nimmt einen großen Theil der Geschäfte unseres Lebens ein, nicht nur im Hause, sondern in allen menschlichen Dingen. Wo das nicht geschieht, da gibt es Verwahrlosung und Verkommenheit."

Das solche Verwahrlosung seine Ursache auch in struktureller Ungerechtigkeit hat, weiß Bräm. Doch angesichts der Erfolglosigkeit seiner sozialethischen Bemühungen rettet er sich in individualethische Ermahnungen der Arbeiterfrau gegenüber: „Wie viele Freude und Segen kann die Frau des Arbeiters ihrem Mann bringen, der, ermattet von schwerer Arbeit, niedergedrückt von Armuth und Sorgen, mit Versuchungen zum Bösen kämpfend, welche der Reiche nicht kennt, mit erleichtertem Herzen in sein reinliches Stübchen tritt und dort ein freundliches, herzliches Willkommen, aufmunterndes Zureden und eine behagliche, friedliche Heimath findet."

Ohne die Verdienste des Erziehungsvereins um die von ihm versorgten Kinder schmälern zu wollen, läßt sich hier feststellen: Bräm beschwört trotz Einsicht in die elenden Verhältnisse und die ungeheure Schuld der Verursacher eine irreale Idylle.

Zu einem Kontakt, geschweige denn zu einem echten Dialog mit der Arbeiterbewegung kommt es bei ihm und seinen christlichen Gesinnungsfreunden zu dieser Zeit noch nicht. Zu sehr sind sie durch ihre Dämonisierung von Demokratie und Sozialismus blockiert, zu dogmatisch und zweckoptimistisch hoffen sie auf Heilung der gesellschaftlichen Wunden allein durch die Liebe.

Sie sind „fundamentalistisch" eingebunden in ein religiös-politisches System, aus dem es für sie scheinbar kein Entrinnen gibt. Erst späteren Generationen wird es gelingen, sich aus dieser „babylonischen Gefangenschaft" theologisch und praktisch zu befreien.

Noch aber trägt die starre Haltung dieser preußischen „Fundamentalisten" entscheidend dazu bei, daß sich die organisierte Arbeiterschaft vom organisierten Christentum immer weiter entfernt. In den Arbeitervereinen, in der Sozialdemokratie und in den Gewerkschaften suchen und finden die Arbeiter Wege, die ihnen die preußisch-protestantischen Wortführer nicht weisen können.

Die kirchliche Sozialarbeit wächst indessen bis heute weiter - auch das Werk Andreas Bräm's. 1998 umfaßt es ein Kinderheim und ein Kinder- und Jugenddorf, eine Wohngemeinschaft für Mütter und eine weitere für Auszubildende, sozialpädagogische Außenbetreuung und Familienerziehung, einen Jugendtreff und ein Seniorenheim, eine Heimschule für Erziehungshilfe und Ausbildungsbetriebe, Diakonenausbildung und eine Fachschule für Sozialpädagogik, dazu einen Verlag der theologische Veröffentlichungen ebenso im Programm hat wie eine weit verbreitete Traktatliteratur.

Eine ähnliche Entwicklung trifft auch auf das Diakoniewerk in Kaiserswerth zu - in weitaus größerem Maßstab.

Nachwirkungen

Trotz des Sieges der Reaktion gelingt es der Arbeiterschaft, sich allmählich selbst zu organisieren und mehr Rechte am Arbeitsplatz zu erringen.

Doch die staatliche Repression bewirkt ebenfalls eine massenhafte, zum Teil aufgezwungene Fluchtbewegung.

In den bürgerlich-christlichen Schichten dagegen wächst das national-religiöse Selbstbewußtsein. Die religiöse Verehrung der Monarchie nimmt zu. Das protestantisch geprägte Deutsche Reich wird von dem einflußreichen Theologen Adolf Stöcker als Nachfolgeorgansiation des „Heiligen Römischen Reiches Deutscher Nation" angesehen.

Nach der Legitimierung deutscher Großmachtsvorstellungen wird Kolonialpolitik von Missions-Theologen ebenfalls für rechtens erklärt.

In der kirchlichen Provinz macht die soziale Arbeit weitere Fortschritte. Die Vereinsbewegung kann erfolgreich expandieren.

Die Arbeiterbewegung

Zu Beginn der sechziger Jahre gibt es erste Ansätze eines Neubeginns der von der Reaktion zerschlagenen Arbeiterbewegung. Die anfänglich von liberalen Bürgern gesteuerten „Arbeiterbildungsvereine" befreien sich von Bevormundung und Beschwichtigungen. Sie werden auf einen Mann aufmerksam, der einst Mitarbeiter der „Neuen Rheinischen Zeitung" gewesen und wegen Aufreizung gegen die Staatsgewalt in Düsseldorf zu einer Gefängnisstrafe verurteilt worden war: Ferdinand Lassalle. Im April erläutert Lassalle

1862 in einem Vortrag vor Arbeitern der Borsigschen Maschinenfa-
brik in Oranienburg bei Berlin, daß der vierte Stand, „der 1789 noch
in den Herzfalten des dritten Standes verborgen war und mit ihm
zusammenzufallen schien, sein Prinzip zum herrschenden Prinzip
der Gesellschaft erheben und mit ihm alle Einrichtungen durch-
dringen" müsse. Dieser letzte Stand trage nicht mehr den Keim
neuer Vorrechte in sich. Seine Sache sei Sache der gesamten Menschheit, seine Freiheit die Freiheit der Menschheit selbst, seine Herrschaft die Herrschaft aller. Die Emanzipation der Arbeiterklasse
müsse formell durch das allgemeine und gleiche Wahlrecht ver-
wirklicht werden. „Sie sind der Fels, auf welchem die Kirche der
Gegenwart gebaut werden soll!" ruft er den Arbeitern zu.

In den folgenden Monaten entwirft er ein Programm für einen
Arbeiterkongreß, verlangt darin die Beteiligung der Arbeiter an
der Produktion, den Aufbau von Arbeiterproduktionsgenossen-
schaften mit staatlicher Kredithilfe, die Abschaffung des Dreiklas-
senwahlrechts und weitere Reformen. Im Mai 1863 wird unter
seiner Führung der „Allgemeine Deutsche Arbeiterverein" gegründet. Anders als Marx und Engels ist Lassalle zur Kooperation
mit dem vorhandenen Staat - also auch mit Bismarck - bereit.

Mehrere Jahre zuvor hat er anläßlich eines Besuchs bei Heinrich
Heine in Paris Georg Herwegh kennengelernt. Jetzt bestürmt er
ihn, Verse für die erste große Arbeiterorganisation zu verfassen. Im
Oktober 1863 schickt ihm der Freund sein „Bundeslied", eine
Nachdichtung und Erweiterung eines berühmten Gedichts des
englischen sozialrevolutionären Dichters Percy Shelley:

Bet und arbeit! ruft die Welt,
Bete kurz! denn Zeit ist Geld,
An die Türe pocht die Not -
Bete kurz! denn Zeit ist Brot...

Wirkst am Webstuhl Tag und Nacht,
Schürfst im Erz- und Kohlenschacht,

Füllst des Überflusses Horn,
Füllst es hoch mit Wein und Korn...

Alles ist dein Werk! o sprich,
Alles, aber nichts für dich!
Und von allem nur allein,
Die du schmiedst, die Kette, dein?...

Mann der Arbeit, aufgewacht!
Und erkenne deine Macht!
Alle Räder stehen still,
Wenn dein starker Arm es will...

Wilhelm Liebknecht

Was Herwegh erhofft, geschieht 1865, wenn auch noch nicht in Form eines Generalstreiks. In vielen deutschen Industriestädten legen die Arbeiter die Arbeit nieder, um höhere Löhne zu erstreiten. Doch die Unternehmer können sich auf Militär, Polizei und Justiz stützen und mit zum Teil hemmungsloser Gewalt gegen die Streikenden vorgehen. Vor allem gibt es auch noch keine Gewerkschaften, die den Ausfall des ohnehin kargen Lohns durch Streikgelder auffangen könnten. Nicht zuletzt aufgrund solcher Erfahrungen gründen die Zigarrenarbeiter Ende Dezember 1865 die erste

August Bebel

gesamtdeutsche Gewerkschaft. Die Buchdrucker sind die nächsten, die sich organisieren. 1868 schließt sich der „Verband der deutschen Arbeitervereine" auf Initiative von August Bebel und Karl Liebknecht der vier Jahre zuvor in London gegründeten sozialistischen internationalen Arbeiter-Vereinigung („Internationale") an.

1869 vereinigen sich der von Bebel und Liebknecht geführte Verband und ein Teil des von Lassalle gegründeten Allgemeinen Deutschen Arbeitervereins in Eisenach zur „Sozialdemokratischen Partei" - die in der Folgezeit vom Staat verfolgt und von der Kirche verteufelt wird.

Ferdinand Lassalle

Die Emigration

„O Weidenlaub von Babylon!"

Die vor der Märzrevolution bereits begonnenen Auswanderungen erreichen in den Jahrzehnten danach einen immensen Umfang. Zwar trieb auch die Entdeckung kalifornischer Goldfelder seit 1848 Millionen Menschen aus allen Teilen Europas über den Atlantik. Doch zehntausende von deutschen Demokraten suchen in den fünfziger und sechziger Jahren vor allem aus politischen

Gründen ihr Heil in den Vereinigten Staaten, in England oder in der Schweiz.

1851 läßt sich Ferdinand Freiligrath, nun wie Marx, Engels und Kinkel im Londoner Exil lebend, durch den uralten Klagegesang der nach Babylon verbannten Israeliten (Psalm 137) zu seinem Gedicht „Die Revolution" anregen:

...Und ob ihr ins Exil sie jagt,
von Lande sie zu Lande hetzt;
Und ob sie fremde Herde sucht
und stumm sich in die Asche setzt;
Und ob sie wunde Sohlen taucht
in ferner Wasserströme Lauf -
Doch ihre Harfe nimmermehr
an Babels Weiden hängt sie auf...

Ihr seht mich in den Kerkern bloß,
ihr seht mich in der Grube nur,
Ihr seht mich nur als Irrende
auf des Exiles dorn'ger Flur -
Ihr Blöden, wohn' ich denn nicht auch,
wo Eure Macht ein Ende hat:
Bleibt mir nicht hinter jeder Stirn,
in jedem Herzen eine Stadt ...

Drum werd' ich sein, und wiederum
voraus den Völkern werd' ich gehn!
Auf eurem Nacken, eurem Haupt,
auf euren Kronen werd' ich stehn!
's ist der Geschichte ehrnes Muß!
Es ist kein Rühmen, ist kein Drohn -
Der Tag ist heiß - wie wehst du kühl,
o Weidenlaub von Babylon!

Willibald Beyschlags „wehmütige Teilnahme"

In Freiligraths zehnstrophigem Gedicht schwingt auch eine Erinnerung an seinen Freund Gottfried Kinkel mit, der während seiner Haft in Spandau Wolle spulen mußte:

...Und ob sie Zuchthauskleider trägt,
im Schoß den Napf voll Erbsenbrei;
Und ob sie Werg und Wolle spinnt -
doch sag ich kühn euch: sie ist frei!

Mittlerweile gehört Kinkel als Dozent und Vortragsredner zu den geachtetsten deutschen Emigranten in England. Für deutsche Kirchenvertreter bleibt er ein „rotes Tuch". 1896 schreibt der ehemalige Freund aus Bonner Tagen Willibald Beyschlag, zeitweise Hofprediger in Karlsruhe und Initiator einer kirchlichen Mittelpartei („Evangelische Vereinigung") im Blick auf sein revolutionäres Engagement: „...Daß ich sein ganzes Unterfangen nicht nur für wahnwitzig, sondern auch als im höhern Sinn verbrecherisch gegen das Vaterland verurtheilte, brauche ich nicht zu sagen: hätte er die fanatische Leidenschaft, die ihn trieb, mit dem Tode gebüßt, so hätte ich darin ein Gottesurtheil gefunden. Wer das Schwert nimmt, soll durch's Schwert umkommen.'..."

Beyschlag zitiert falsch - eine bezeichnende Fehlleistung. Der eher pragmatische Originalsatz in der Passionserzählung des Matthäus-Evangeliums (26,52) lautet: „Alle, die zum Schwert greifen, werden durch das Schwert umkommen." Die Frage, ob dieser Satz nicht auch für die „Herrscher und Mächtigen" gilt, die nach der Auffassung Jesu laut Evangelien-Überlieferung „die Völker unterdrücken...und ihre Macht über die Menschen mißbrauchen" (Markus 10,42; Matthäus 20,25) - diese Frage stellt sich Beyschlag nicht. Immerhin kritisiert er, wenn auch halbherzig, den preußischen Strafvollzug und Kinkels damalige Haftbedingung: „...Ob dagegen ein menschliches, preußisches Recht bestand, einen durch keinen Fahneneid gebundenen Mann, der unter der Flagge der Reichsverfassung gegen Regierungstruppen gekämpft, wie einen Banditen zu erschießen, ist mir zweifelhaft geblieben, und die sogenannte Begnadigung zu lebenslänglichem Spulen im Zuchthaus, die für einen Mann von Kinkels Begabung und Bildung schlimmer war als eine tödtliche Kugel, hat mir weder christlich- noch königlich-edel erscheinen wollen. So habe ich dem unglücklichen weitverirrten Mann die von Carl Schurz bewerkstelligte Befreiung gegönnt und seine weiteren Lebenswege von ferne mit wehmüthiger Teilnahme begleitet. Den Frieden mit seinem Gott und mit seinem Vaterland hat er auf ihnen nicht gefunden."

Während Freiligrath die Unausrottbarkeit der Revolution beschwört und Beyschlag sie kompromißlos verurteilt, wächst bei deutschen Protestanten die Anfälligkeit für den nationalen Mythos.

„Das heilige evangelische Reich deutscher Nation"

Die Steigerung vom Königtum zum Kaisertum, die erfolgreiche Blut- und Eisenpolitik Bismarcks und die deutschen Siege über Österreich und Frankreich bewirken im Protestantismus eine Verklärung der staatlichen Macht, die latente oder vorhandene Mythen maßlos ausweitet.

„... Eine Reihe von Gottesmännern, die auch Menschen waren"

Als Friedrich Wilhelm IV. am 2. Januar 1861 stirbt, werden Trauerfeiern in den evangelischen Kirchen abgehalten. In Düsseldorf werden 16 Tage lang mittags von 12 bis 1 Uhr die Glocken geläutet. Eine typische „Gedächtnispredigt", die das Presbyterium später drucken läßt, hält der Hilfsprediger Michael Zahn am 17. Februar in Wupperfeld. Für ihn war der König „ein Menschenfreund auf dem Thron und ein milder, christlicher Friedefürst". Stets habe er nach seinem Wahlspruch gelebt: „Ich und mein Haus wollen dem Herrn dienen." Nun gehöre der Verstorbene zu jener Wolke der Zeugen, die „der Apostel, der im Hebräerbrief eine Reihe von Gottesmännern, die auch Menschen waren, uns zum Vorbild aufstellt".

Zahn erwähnt auch Protest und Widerstand, mit dem sich der Monarch auseinanderzusetzen hatte. Kühn ordnet er ihn in die christliche Heils- und Leidensgeschichte ein: „Die Schmach, die Ihn betroffen, ist ein thatsächliches Bekenntnis Jesu zu ihm; er gleicht Seinem Herren, der auch unter die Übelthäter gerechnet ward..."

Die religiöse Überhöhung von Staat und Obrigkeit erfährt durch die erfolgreiche Machtpolitik des protestantischen Fürsten Otto von Bismarck, der 1866 Preußen bei Königgrätz zum Sieg über Österreich verhilft, eine weitere Steigerung. Der kurz zuvor gegründete liberale „Protestantenverein" stimmt in den allgemeinen Jubel mit ein, und der Göttinger Jurist Rudolf von Ihering nennt Bismarck den „politischen Messias Deutschlands". Die Euphorie steigert sich, je näher der Krieg gegen Frankreich heranrückt. Selbst der aus dem englischen Exil heimgekehrte Ferdinand Freiligrath ruft „Hurra, hurra, Germania!"

Die Kriegsbegeisterung erfaßt die meisten Protestanten. Prediger verklären den Heldentod. Als nach der Materialschlacht von Metz Freund und Feind in die Massengräber geschichtet werden, spielen die Regimentskapellen „Jesus, meine Zuversicht".

Der aus dem Schweizer Exil heimgekehrte Dichter Georg Herwegh, ehemals Theologiestudent am Tübinger Stift, kommentiert die Situation in seinem Gedicht „Herr Wilhelm. Preußische Konfliktspoesien":

...Herr Wilhelm braucht ein großes Heer,
Braucht Pulver und Patronen;
An Jesum Christum glaubt er sehr,
Doch mehr noch an Kanonen.

Die Infanterie, die Kavallerie,
Die Artillerie entfalten
Die Gottesgnadenmonarchie
In dreierlei Gestalten...

„...und daß du, gottesgnadentrunken, das Menschenrecht vergessen hast"

Bei der Kaiserproklamation in Versailles wirken sieben hohe Militärgeistliche mit, an ihrer Spitze der Hofprediger an der Potsdamer Garnisonkirche Rogge, ein Schwager des Kriegsministers Albrecht von Roon, geschmückt mit dem Eisernen Kreuz am weißen Band auf dem Talar. Der einzige Zivilist im Hintergrund ist der ehemalige Berliner Polizeipräsident und Kommunistenjäger Wilhelm Stieber in seiner jetzigen Eigenschaft als Chef der geheimen Feldpolizei.

Der sozial aktive Theologe Adolf Stöcker, religiös und politisch aus gleichem Holz geschnitzt wie Julius Stahl, versteigt sich nach der Kaiserkrönung zu dem Satz: „Das heilige evangelische Reich deutscher Nation vollendet sich!" Er sieht in dem deutschen Geschichtsweg von 1517 bis 1871 Gottes Willen, mit den Deutschen zum Ziel zu kommen. Was Luther einst mit seinem Kampf gegen Rom und Welschtum begonnen habe, vollende sich nun unter der Regie des Kaisers und des evangelischen preußischen Junkers Bismarck.

Georg Herwegh sieht das in seinem „Epilog zum Kriege" ganz anders:

...Schwarz, weiß und rot! Um ein Panier
Vereinigt stehen Süd und Norden;
Du bist im ruhmgekrönten Morden
Das erste Land der Welt geworden:
Germania, mir graut vor dir!

Mir graut vor dir, ich glaube fast,
Daß du, in argem Wahn versunken,
Mit falscher Größe suchst zu prunken,
Und daß du, gottesgnadentrunken,
Das Menschenrecht vergessen hast.

In Gottfried Kinkel, mittlerweile Professor der Kunstgeschichte in Zürich, erwacht der alte Kampfgeist. Beim Fest für einen Kollegen gibt er zum großen Zorn deutscher Emigranten seiner Hoffnung Ausdruck, daß er im Fall eines Angriffs auf die Schweiz - ganz gleich von welcher Seite - noch im Stande sein möge, in den Reihen der Schweizer mitzukämpfen.

Doch im deutschen Protestantismus wird das Gottesgnadentum unentwegt weiter besungen. Im Jahre 1880 dichtet der Theologe Julius Sturm für ein damals in Vorbereitung befindliches neues Militärgesangbuch ein Lied, in dem die „Wacht am Rhein" und die Siege über Frankreich mitgemeint sind:

Ein Haupt hast du dem Volk gesandt
und trotz der Feinde Toben
in Gnaden unser Vaterland
geeint und hoch erhoben;
in Frieden hast du uns bedacht,
den Kaiser uns bestellt zur Wacht
zu deines Namens Ehre...

In seinem 1918 in Gütersloh veröffentlichten „Schlüssel zum Evangelischen Gesangbuch" lobt der Münsteraner Theologieprofessor Wilhelm Nelle später Wilhelm Hülsemanns bereits zitierten Verse: „...Fürchtet Gott, den König ehret! / Das, o Herr, ist dein Gebot, / und du hast es selbst bewährt, / warst gehorsam bis zum Tod..." und stellt zustimmend fest, hier werde Christi Gehorsam bis zum Tod „zum Ausgang genommen für den Opfermut unserer Krieger".

Sein Kommentar zu den Versen von Julius Sturm: „Das Lied paßt ebenso zur Sedanfeier wie zu Kaisers Geburtstag. Es wird bei uns so bald nicht wieder verklingen."

Kölner Jubelfeiern

Für die Evangelische Gemeinde in Köln war die Trinitatiskirche samt ihrem Pfarrer von Beginn an Symbol und Ausdruck ihrer Eigenständigkeit in der katholisch geprägten Stadt wie auch ihrer Verbundenheit zur preußischen Monarchie.

„Voll Liebe zum himmlischen und irdischen Vaterland"

Pfarrer Justus Bartelheim wird im Oktober 1850 feierlich aus dem benachbarten Bensberg abgeholt und in der Trinitatiskirche in sein Amt eingeführt. In der Kadettenanstalt Bensberg hat er bis dahin als Militärseelsorger („Kadettenprediger") gewirkt, ohne dort besondere Akzente zu setzen. In Köln wird er rasch beliebt, ja populär. Sein jüngerer Kollege August Hermann Rebensburg preist ihn 1906 in einer Festschrift zum hundertjährigen Bestehen der Gemeinde als originellen, geistvollen sprachgewaltigen Kanzelredner: „Positiv bis in die Knochen, voll glühender Liebe zum himmlischen und irdischen Vaterland, den Geist erfüllt von dem edelsten, was die deutsche Literatur uns gegeben, das Herz voll Güte und Freundlichkeit, gelegentlich bis zur Schwäche, dabei sprudelnd im köstlichen Humor, der Fröhliche weinen und Traurige lachen machen konnte,... der Kinder Freund und der Armen halber Abgott..."

Zum 50jährigen Dienstjubiläum des inzwischen zum Superintendenten Gewählten erscheinen die Mitglieder des Koblenzer Königlichen Konsistoriums ebenso wie die der Bonner theologischen Fakultät, die ihn zum Ehrendoktor ernennt. Kaiser Wilhelm I. läßt ihm den roten Adlerorden dritter Klasse mit Schleife zukommen, und ein Festmahl mit 300 Ehrengästen und Gemeindegliedern krönt das Jubiläum.

Die gereimte Festrede des Kölner Pfarrers Moritz Fuchs beginnt mit der Erinnerung an Bartelheims ersten Dienst in der Kadettenanstalt:

...Dort, wo auf waldumkränzter Bergeshöhe
Das mächtige Schloß mit seinen Thürmen aufragt
Und trotzig ausschaut in das weite Land,
Das ihm zu Füßen liegt - dort thatest Du
Den ersten Dienst, des Heeres jungen Nachwuchs,
Des Königlichen Kriegsherrn Lämmer weidend,
Dem strengen Titel nach ein Gouverneur,
Dem Herzen nach ein milder Freund und Führer...

Zahllos - so Fuchs - seien die Worte und Werke des Jubilars:

...Die leeren Hände, die du reichlich fülltest,
Die müden Knie, die Du aufgerichtet,
Die tausende von Kindlein, die Du tauftest,
Die Ehepaare, die Du eingesegnet,
Die Tauf- und Hochzeitsschmäuse, die Dir blühten,
Die Becher Weines, die Du dort getrunken...

168

Siegesfeiern

Spiegelt die Biographie Bartelheims samt der seiner Jubiläums-Lobredner die bürgerlich-vaterländische Atmosphäre Kölns abseits aller politischen und sozialen Auseinandersetzungen wider, so werden im Juni 1935 in einer „Festschrift zur Jubelfeier des 75jährigen Bestehens der Trinitatiskirche" schon wesentlich gefährlichere Töne laut. Pfarrer Alexander Schmeling läßt zu Beginn die vergangenen Jahrzehnte Revue passieren.

Da wurde in der Kirche neben den Festgottesdiensten für König und Kaiser 1864 eine „Siegesfeier für Düppel" - gemeint sind preußische Siege im deutsch-dänischen Krieg - gehalten. 1870 folgten ähnliche Feiern „für den Sieg Deutschlands" gegen Frankreich. Dem folgte 1879 die Feier der goldenen Hochzeit des Kaiserpaares. Ein Jahr später hatte die Kölner Gemeinde die Ehre und Freude, anläßlich der Vollendung des Doms „das ganze kaiserliche Haus und die deutschen Fürsten in der Trinitatiskirche im festlichen Gottesdienst zu begrüßen". Der Andrang der Gemeinde war so groß, daß tausend Eintrittskarten ausgelost wurden. Nach verschiedenen kirchlichen Feiern folgte dann 1887 der Trauergottesdienst für den verstorbenen Kaiser Wilhelm I..

Nahtlos schließt Schmeling nun, im Jahre 1935, den Lobpreis Adolf Hitlers an: „... Wie damals der Gemeinde der Wunsch nahegelegt wurde, sie möge mit dem neuen Tempel auch ein neues Verständnis der überkommenen Aufgabe gewinnen und einen neuen Eifer, sie zu lösen, so soll es auch heute im Rückblick auf diese Gnadenzeit und im Blick auf die uns durch Adolf Hitler geschenkte Erneuerung unseres Volkes uns allen ein ernstes Anliegen sein, daß das ewige Evangelium von Jesus Christus unserem Herrn kraftvoll verkündet werde und dies Volk von neuem willig werde, das Wort des allmächtigen Gottes zu hören..."

Schmelings Ausführungen sind keineswegs eine isolierte Entgleisung. Das Kölner Presbyterium hat bereits im Februar 1934 einem zwischen Reichsjugendführer Baldur von Schirach und dem Reichsbischof Ludwig Müller geschlossenen „Abkommen über die Eingliederung der evangelischen Jugend in die nationalen Verbände" widerspruchslos zugestimmt. Der sozialistische Pfarrer Georg Fritze blieb hier zusammen mit dem örtlichen CVJM ein einsamer und verfemter Rufer in der Wüste, der erst in den achtziger Jahren durch die Initiative des Kölner Christen und Sozialdemokraten Hans Prolingheuer mit seinem Buch „Der rote Pfarrer von Köln" öffentlich rehabilitiert wurde.

Friedrich Fabri - „Vater der deutschen Kolonialbewegung"

Der in Schweinfurt gebürtige Pfarrerssohn Friedrich Fabri wird 1857 nach Theologiestudium, Promotion zum Doktor der Philosophie und zehnjähriger Pfarramtstätigkeit in Süddeutschland zum Direktor der 1828 gegründeten „Rheinischen Missions-Gesellschaft" (heute: „Vereinte Evangelische Mission. Gemeinschaft von Kirchen in drei Erdteilen") berufen.

Durch das im Wuppertal erfahrene soziale Elend ebenso wie durch die „sozialistische Bedrohung" aufgeschreckt verfaßt Fabri sein Buch: „Die Wohnungsnoth der Arbeiter in Fabrikstädten und deren Abhülfe". Die preußische Sozialpolitik erscheint ihm nicht ausreichend und wirksam genug. Missions-Erfahrungen lenken seinen Blick in die Weite - in die Kolonien. Könnte nicht dort das wachsende Industrieproletariat eine neue, eine bessere Zukunft finden? Doch voller Zweifel fragt er zugleich: „Wo aber sollen für Deutschland heute noch Kolonien gefunden werden." Im tropischen und subtropischen Afrika sind die gesunden Gebiete die unfruchtbaren und die fruchtbaren die ungesunden, malaria-verseuchten.

In seinem 1879 erscheinenden Buch „Bedarf Deutschland der Kolonien? Eine politisch-ökonomische Betrachtung" lenkt Fabri den Blick auf einen anderen Erdteil und sieht dort eine Möglichkeit der Problemlösung: „Es gibt heute nur noch ein großes und fruchtbares Ländergebiet, welches für eine organisierte und in die Millionen wachsende deutsche Auswanderung wirklich Raum hat und zugleich die Möglichkeit einer nationalen Entwicklung verspricht: das ist der südliche, schmälere Theil Südamerikas."

Fabri denkt an Uruguay, Argentinien, Chile und Teile Brasiliens, in denen bereits große deutsche Einwanderungskolonien entstanden sind. Gewaltsame Besitznahme von Gebieten schließt er aus, rechnet vielmehr damit, „daß eine organisierte deutsche Einwanderung allmählich in den Besitz der Majorität und damit auch der politischen Macht gelangen würde". Deutschland als erfolgreiche Großmacht mit Bevölkerungsüberschuß habe dazu „ein moralisches, ein kulturelles Recht".

Friedhelm Fabri

Nur ein Mutterland, „das beträchtliche überschüssige Arbeitskräfte in stetiger Folge abzugeben vermag", sei zur Gründung von Ackerbaukolonien berufen, die - so Fabri - „heute lediglich dem germanischen Stamme zukommt".

Diese in ihrem Ansatz imperialistische Denkweise scheitert freilich an der Realität: Weder die den amerikanischen Kontinent kontrollierenden USA noch die größte Seemacht - die der Briten - lassen eine Expansion des Deutschen Reiches, der „verspäteten Nation", zu.

Dennoch ist Fabri als Pionier anzusehen. Sehr bald nach der Veröffentlichung seines Buches von 1879 wird er zum einflußreichsten Vertreter der deutschen Kolonialpropaganda, die dann ab 1884 unter Bismarcks Regie zu einigen machtpolitisch wenig bedeutsamen Kolonien führt. Die „Deutsche Kolonialgesellschaft" nennt Fabri „Vater der deutschen Kolonialbewegung". Er wird Vorstandsmitglied im „Deutschen Kolonialverein" und Ehrenmitglied bei dessen Konkurrenz, der „Gesellschaft für deutsche Kolonisation", aus der die „Deutsch-Ostafrikanische Gesellschaft" hervorgeht. Zunehmend beauftragt man ihn, streng vertrauliche, politisch bedeutsame Denkschriften für das preußische Kultusministerium, das Auswärtige Amt und für Reichskanzler Bismarck zu verfassen.

Von seiner eigentlichen Aufgabe in der Missionsgesellschaft, die er einschließlich finanzieller Defizite vernachlässigt hat, ist Fabri 1884 zurückgetreten. Kurz vor seinem Tod im Juli 1891 verstärken sich seine Zweifel im Blick auf eine gewaltfreie „Vertheilung der Erde". Voller Skepsis prophezeit er: „Nur auf europäischen Schlachtfeldern werden forthin auch die großen Verschiebungen des kolonialen Besitzes entschieden werden... Aus den Zeiten der Kabinettspolitik schon länger herausgetreten, stehen wir vor dem unheimlichen Zeitalter der Völkerkriege."

Doch dem Völkerkrieg geht noch das Massaker an Hereros und Hottentotten in Deutsch-Südwestafrika zu Beginn des neuen Jahrhunderts voraus, das Fabri nicht gewollt hat, jedoch indirekt ermöglichen half.

Grenzüberschreitungen

In der zweiten Hälfte des 19. Jahrhunderts kommt es im Protestantismus zu Initiativen, die auf einen Aufbruch aus den erstarrten religiös-ideologischen Positionen hoffen lassen. Sie sind zum Teil überwiegend innerkirchlich und eher von bescheidenem Ausmaß, zum Teil aber auch gesellschaftspolitisch bedeutsam.

Eine ökumenische Initiative

Bereits zu Beginn der fünfziger Jahre hat Gerhard Dürselen als Präses des Rheinisch-Westfälischen Jünglingsbundes mit entsprechenden Vereinen in Paris, Straßburg und Genf Verbindung aufgenommen. 1854 wurden Kontakte nach Washington und Turin aufgenommen. Aus Paris wiederum kam vom dortigen Jünglingsverein der Gedanke einer internationalen Verbindung. Ein Jahr später wurde dann die erste „Weltkonferenz der Christlichen Vereine Junger Männer" organisiert, die die „World's Alliance of Young Men's Asociation" zur Folge hatte. Das von dem Franzosen Frédéric Monnier formulierte Bekenntnis fand als „Pariser Basis" allgemein Zustimmung. Zu den einflußreichen Männern in Paris gehörte auch der Schweizer Henri Dunant, der spätere Gründer des „Roten Kreuzes".

Nachdem man sich 1855 in Paris, 1858 in Genf und 1862 in London versammelt hat, wird die 4. Weltkonferenz 1865 mit 100 Delegierten aus 6 europäischen Ländern in Elberfeld veranstaltet.

In Deutschland überspringt die Jünglingsvereinsbewegung Provinz- und Konfessionsgrenzen. Zusammenschlüsse entstehen im Norden und Süden, bei Baptisten und Methodisten. Begegnung im In- und Ausland fördern bei Minderheiten die Aufweichung starrer Fronten und ideologischer Gehäuse, auch wenn die preußisch-protestantische Generallinie insbesondere bei den im Wuppertal zentrierten Kräften beibehalten wird.

Gewiß führt die Begegnung mit französischen Christen noch nicht zu einem Abrücken von der „vaterländischen Begeisterung" für den deutsch-französischen Krieg - aber eine Vorform der späteren ökumenischen Bewegung ist wenigstens zustande gekommen.

Ein christlicher Vorkämpfer sozialer Gerechtigkeit

Gerhard Dürselen hat 1858 in seinem 10. Jahresbericht für den Rheinisch-Westfälischen Jünglingsbund mit Nachdruck daran erinnert, die Scheidung von der „revolutionären Hybris" der Sozialisten sei eine Tat des Mutes gewesen, „den allein der Glaube an die weltüberwindende Macht unsers hochgelobten Königs Jesu Christi geben kann".

Solche Aussagen bleiben in der preußischen Rheinprovinz Jahrzehnte lang repräsentativ. Nur wenige Christen stoßen zu einer systematischen Gesellschaftskritik vor. So prägt Friedrich Wilhelm Dörpfeld nach Deutschlands Sieg über Frankreich, den dabei erlangten Kriegsgewinnen und dem dadurch ausgelösten Beginn der Gründerjahre in einer Skizze über „Die Abwege der neueren Geistesentwicklung" die Formel „Gründergewinn = Plünder-gewinn = ökonomisches Freibeutertum". Er beklagt nicht mehr nur Gier und Genußsucht der kapitalbesitzenden Klassen, sondern spricht von einem „System unehrlicher Ausbeutung". Damit zielt er auf den Manchesterliberalismus, der sich infolge der „platten Freiheitsbegriffe einer national-ökonomischen Schule" breitgemacht habe.

Dennoch bleibt er dem preußischen Staat loyal verbunden und akzeptiert den Roten Adlerorden IV. Klasse.

Einer der ersten Theologen in Deutschland, der nicht nur systemkritisch redet, sondern konsequent aus der starren Frontstellung gegen den Sozialismus ausbricht, ist der im Württembergischen Möttlingen geborene Christoph Blumhardt, ein Vorläufer der „religiösen Sozialisten". Als der Kaiser mit seiner „Zuchthausvorlage" das Streikrecht der Arbeiter einschränken will, tritt der in Bad Boll wirkende Pfarrer 1899 siebenundfünfzigjährig in die SPD ein. Einen „Schwabenstreich" nennt das der „Basler Anzeiger". „Schon früher fand ich," entgegnet Blumhardt seinen Kritikern, „daß für mich Religion keinen Wert hat, wenn sie nicht die Gesellschaft ändert, wenn sie mir nicht schon das Glück auf Erden verschafft."

Das derzeit Bestehende aber sei ein System der Lüge und Ungerechtigkeit. Der Mammonismus habe alle, die Frommen wie die Freidenker in den Klauen. Das Reich Gottes aber sei das Gegenteil vom Kapitalreich: „Das Geld dem Leben und nicht das Leben dem Geld." In einer Morgenandacht erklärt er im Oktober 1898: „Es ist mir ein Bebel, der für die Menschheit eintritt, viel lieber als manche 'fromme Menschen'. In Fleisch und Blut muß die Gerechtigkeit sein."

Auf den Einwand, bei der SPD handle es sich um eine atheistische Partei, erwidert er: das hohe Maß an Menschenwürde, der Gedanke der Gleichheit aller und der Wille zum Frieden - das alles verbinde die Arbeiter mit der Verkündigung Jesu. Im Übrigen könne er auch in einer Partei parteilos sein.

Christoph Blumhardt

6 Jahre lang arbeitet er als Landtagsabgeordneter in der SPD - nicht ohne Kritik an ihr. Verbitterung und Haß - so seine Mahnung - dürfe nicht Element des Kampfes und auch nicht der inneren Auseinandersetzung sein. Sonst würden die besten Erfolge vergiftet: „Man verdammt den Krieg und führt selbst den allererbittertsten Krieg untereinander, um dem Irrglauben zu verfallen, daß derlei Siege Bestand haben oder wirklich etwas Neues schaffen."

Blumhardt will Weg und Ziel im privaten wie im öffentlichen Leben nicht voneinander trennen. Er will die Liebe hineinbringen in den Kampf um Gerechtigkeit.

Literaturverzeichnis

HELMUT ACKERMANN, Geschichte der evangelischen Gemeinde Düsseldorf von ihren Anfängen bis 1948. Düsseldorf 1996.

KLAUS J. BADE, Friedrich Fabri und der Imperialismus in der Bismarckzeit. Freiburg 1975.

MARIE-LUISE BAUM, Daniel von der Heydt. In: Wuppertaler Biographien, 3. Folge, Bd. 6. Wuppertal 1961.

BARBARA BECKER-JÁKLI, Die Protestanten in Köln. Die Entwicklung einer religiösen Minderheit von der Mitte des 18. bis zur Mitte des 19. Jahrhunderts. Köln 1983.

DIES., „Fürchtet Gott, ehret den König." Evangelisches Leben im linksrheinischen Köln 1850-1918. Köln 1988.

ERICH BEYREUTHER, Geschichte der Diakonie und Inneren Mission in der Neuzeit. Berlin 1963.

WERNER BLUMENBERG, Karl Marx in Selbstzeugnissen und Bilddokumenten. Reinbek 1962.

GÜNTER BRAKELMANN, Die soziale Frage des 19. Jahrhunderts. Witten 2. Aufl. 1964 (1962).

MARTIN BRECHT u.a. (Hg.), Pietismus und Neuzeit. Ein Jahrbuch zur Geschichte des neueren Protestantismus, Bd. 5. Schwerpunkt: die evangelischen Kirchen und die Revolution von 1848. Göttingen 1980.

WILHELM BUSCH, Tante Hanna. Ein Wuppertaler Original. Elberfeld, 5. Aufl., 1906 (1904).

WALTER DELIUS, Die evangelische Kirche und die Revolution von 1848. Berlin 1948.

DIETER DOWE, Aktion und Organisation. Arbeiterbewegung, sozialistische und kommunistische Bewegung in der preußischen Rheinprovinz 1820-1852. Hannover 1970.

GEORG DROEGE / FRANZ PETRI (Hg.), Rheinische Geschichte in 3 Bänden, Bd. 3: Neuzeit. Düsseldorf 1980.

WOLFGANG EICHNER, Evangelische Sozialarbeit im Aufbruch. Aus der Geschichte der Kirchengemeinde in Bonn. Köln 1986.

BERNT ENGELMANN, Wir Untertanen. Ein deutsches Anti-Geschichtsbuch. Frankfurt 1976.

KLAUS GOEBEL, Friedrich Wilhlem Krummacher, in: Wuppertaler Biographien, 3. Folge, Bd. 6, Wuppertal 1961.

DERS., / MANFRED WICHELHAUS (Hg.), Aufstand der Bürger. Revolution 1849 im westdeutschen Industriezentrum. Wuppertal 1974.

KLAUS GOEBEL, Evangelische Kirchengeschichte seit 1815, in: Georg Droege / Hans Petri (Hg.), Rheinische Geschichte, Bd. 3. Düsseldorf 1979.

WALTER GRAB / UWE FRIESEL, Noch ist Deutschland nicht verloren. Unterdrückte Lyrik von der Französischen Revolution bis zur Reichsgründung. Texte und Analysen. Berlin 1970.

HELGA GREBING, Geschichte der deutschen Arbeiterbewegung. München 1970 (1966).

MARTIN GRESCHAT, Der deutsche Protestantismus in den Wandlungen des industriellen Zeitalters, in: Religion und Kirchen im industriellen Zeitalter, hg. v. Georg-Eckert-Institut für internationale Schulbuchforschung. Braunschweig 1977.

DERS., Das Zeitalter der Industriellen Revolution. Das Christentum vor der Moderne. Stuttgart, Berlin, Köln, Mainz 1980.

JOCHEN GRUCH u.a., Die evangelische Florinskirche in Koblenz. Zur Geschichte von Kirche und Gemeinde seit dem 19. Jahrhundert. Selbstverlag Ev. Kirchengemeinde Koblenz-Mitte. 1992.

WOLFGANG E. HEINRICHS, Freikirchen - eine moderne Kirchenform. Enstehung und Entwicklung von fünf Freikirchen im Wuppertal; in: Schriftenreihe des Vereins für Rheinische Kirchengeschichte. Bd. 96, Gießen 1989.

WILHELM HELF, Die Revolutionsjahre 1848/49 im ländlichen Bereich der alten Landkreise Solingen und Lennep. Opladen 1968.

HELMUT HIRSCH, Friedrich Engels in Selbstzeugnissen und Bilddokumenten. Reinbek, 4. Aufl. 1973 (1968).

DERS. (Hg.), Friedrich Engels. Profile. Wuppertal 1970.

DERS., Robert Blum - ein deutscher Demokrat, in: Helmut Hirsch (Hg.), Freiheitsliebende Rheinländer: Neue Beiträge zur deutschen Sozialgeschichte. Düsseldorf 1977.

FRIEDRICH WILHELM KANTZENBACH, Der Weg der evangelischen Kirche vom 19. zum 20. Jahrhundert. Gütersloh 1968.

KARL KUPISCH, Vom Pietismus zum Kommunismus. Historische Gestalten, Szenen und Probleme. Berlin 1953.

DERS., Zwischen Idealismus und Massendemokratie. Eine Geschichte der evangelischen Kirche in Deutschland 1815 - 1945. Berlin 1955.

DERS., Das Jahrhundert des Sozialismus und der Kirche. Berlin 1958.

DIETER LANGEWIESCHE (Hg.), Die deutsche Revolution von 1848/49. Darmstadt 1983.

ELSBETH LOHBECK, Andreas Bräm - ein Wegbereiter der Diakonie im Rheinland und Gründer des Neukirchener Erziehungsvereins. In. Schriftenreihe des Vereins für Rheinische Kirchengeschichte, Bd. 94. Köln / Neukirchen-Vluyn 1989.

BARBARA LUBE, Mythos und Wirklichkeit des Elberfelder Systems, in: Karl-Hermann Beeck (Hg.), Gründerzeit. Versuch einer Grenzbestimmung in Wuppertal; in: Schriftenreihe des Vereins für Rheinische Kirchengeschichte, Bd. 80. Köln 1984.

GOLO MANN, Deutsche Geschichte des neunzehnten und zwanzigsten Jahrhunderts. Frankfurt 1961 (1958).

DAVID MCLELLAN, Karl Marx, Leben und Werk. München 1973.

JÜRGEN MÜLLER-SPÄTH, Die Anfänge des CVJM in Rheinland und Westfalen. Ein Beitrag zur Sozial- und Kirchengeschichte im 19. Jahrhundert; in: Schriftenreihe des Vereins für rheinische Kirchengeschichte, Bd. 90. Köln 1988.

THOMAS NIPPERDEY, Deutsche Geschichte 1800-1866. Bürgerwelt und starker Staat. München 1983.

HANS PROLINGHEUER, Der „rote Pfarrer" von Köln. Georg Fritze (1874-1939). Christ - Sozialist - Antifaschist. Wuppertal 1981.

A.H. REBENSBURG, Hundert Jahre Evangelische Gemeinde Cöln am Rhein. Köln 1902.

JÜRGEN REULECKE (Hg.), Arbeiterbewegung an Rhein und Ruhr. Beiträge zur Geschichte der Arbeiterbewegung in Rheinland-Westfalen. Wuppertal 1974.

HERMANN RÖSCH-SONDERMANN, Gottfried Kinkel als Ästhetiker, Politiker und Dichter. Bonn 1982.

ALBERT ROSENKRANZ, Kurze Geschichte der Evangelischen Kirche im Rheinland bis 1945. Neukirchen-Vluyn 1975, 2. Aufl.(1960).

REINHARD RÜRÜP, Deutschland im 19. Jahrhundert 1815-1871. Göttingen 1984 (Deutsche Geschichte Bd. 8).

KLAUS SCHMIDT, Gerechtigkeit - das Brot des Volkes. Johanna und Gottfried Kinkel. Eine Biographie. Stuttgart 1996.

WALTER SCHMIDT u.a. (Hg.), Illustrierte Geschichte der deutschen Revolution 1848/49. Berlin 1988.

ERNST SCHUBERT, Die evangelische Predigt im Revolutionsjahr 1848. Ein Beitrag zur Geschichte der Predigt wie zum Problem der Zeitpredigt. Gießen 1913.

WILLIAM O. SHANAHAN, Der deutsche Protestantismus vor der sozialen Frage 1815 - 1871. München 1962.

ANNA STICKER, Friederike Fliedner und die Anfänge der Frauendiakonie. Ein Quellenbuch. Neukirchen Kreis Moers 1961.

DIES., Theodor und Friederike Fliedner. Von den Anfängen der Frauendiakonie. Neukirchen - Vluyn 1965.

GERHARD TADDEY (Hg.), Lexikon der deutschen Geschichte. Stuttgart 1977.

TANIA ÜNLÜDAG, Mentalität und Literatur. Zum Zusammenhang von bürgerlichen Weltbildern und christlicher Erziehungsliteratur im 19. Jahrhundert am Beispiel der Wuppertaler Traktate; in: Schriftenreihe des Vereins für Rheinische Kirchengeschichte Bd. 108. Köln 1993.

DIES., Historische Texte aus dem Wuppertal. Quellen zur Sozialgeschichte des 19. Jahrhunderts. Wuppertal 1989.

VEIT VALENTIN, Geschichte der deutschen Revolution von 1848-1849, 2 Bde.. Berlin 1930, Neudruck Aalen 1970.

ARNOLD VOGT, Religion im Militär. Seelsorge zwischen Kriegsverherrlichung und Humanität. Eine militärgeschichtliche Studie. Frankfurt, Berlin, New York 1984.

Herwart Vorländer, Evangelische Kirche und soziale Frage in der werdenden Industriegroßstadt Elberfeld. Eine Untersuchung aufgrund kirchlicher Unterlagen aus der zweiten Hälfte des 19. Jahrhunderts. Düsseldorf 1963.

HANS-ULRICH WEHLER (Hg.), Moderne deutsche Sozialgeschichte. Königstein/Ts. 1981.

DERS., Deutsche Gesellschaftsgeschichte, Zweiter Band: Von der Reformära bis zur industriellen und politischen „Doppelrevolution" 1815-1848/49. München 1987.

Ausführliche Bibliographien zum Thema dieses Buches finden sich neben den üblichen Lexika in den zitierten Büchern von Jürgen Müller-Späth und Karl-Herman Beeck und in den einschlägigen Spalten der „Religion in Geschichte und Gegenwart, Handwörterbuch für Theologie und Religionswissenschaft" RGG; (1957ff) und des „Biographisch-Bibliographischen Kirchenlexikons, begründet und herausgegeben von Friedrich Wilhelm Bautz; fortgeführt von Traugott Bautz (Hertzberg 1975ff).

Bildnachweis

Seite 20   „Kirche in Unterbarmen und Monument Friedrich Wilhelm III.".
Stahlstich um 1850. - Landesbildstelle Rheinland.

Seite 23   „Friedrich Engels als 19 jähriger". Helmut Hirsch (Hg.), Friedrich
Engels, Profile. Wuppertal 1970, nach S. 176.

Seite 28   „Friedrich Wilhelm Krummacher". In: Klaus Goebel/Manfred
Wichelhaus (Hg.), Aufstand der Bürger - Revolution 1849 im
westdeutschen Industriezentrum. Wuppertal 1974, nach S. 96.

Seite 31   „Kinderarbeit im Vormärz". In: 1871 - Fragen an die
deutsche Geschichte. Historische Ausstellung im Reichstags-
gebäude in Berlin und in der Paulskirche in Frankfurt/M. aus
Anlaß der hundertsten Wiederkehr der Reichsgründung 1871.
Berlin 1971. Bildtafel 49.

Seite 35   „Theodor Fliedner". In: Martin Greschat (Hg.), Gestalten der
Kirchengeschichte. Stuttgart 1985, S. 304.

Seite 35   „Friederike Fliedner". In: Anna Sticker, Friederike und die
Anfänge der Frauendiakonie. Neukirchen 1961, nach S. 32.

Seite 35   „Caroline Fliedner". In: Friedrich Bartsch u.a., Bildnisse
evangelischer Menschen. Berlin 1983 (1955), S. 172.

Seite 49   „Angriff der Kavallerie auf das Volk vor dem Schloß in Berlin am
18. März 1848". In: 1871 - Fragen an die deutsche Geschichte.
(s.o). Bildtafel 86.

Seite 57   „Adolf Diesterweg". In: Friedrich Adolf Wilhelm Diesterweg.
Akademie der pädagogischen Wissenschaften in der DDR.
Umschlagbild.

Seite 59   „Ferdinand Freiligrath". Stich von C.A. Schwerdgeburth
nach einer Zeichnung von J.H. Schramm, um 1841. In:
Walter Schmidt u.a., Illustrierte Geschichte der deutschen
Revolution 1848/49. Berlin 1988, S. 32.

Seite 67   „Julius Köbner". In: Wolfgang E. Heinrichs, Freikirchen - eine
moderne Kirchenform. Gießen 1989. Umschlag.

Seite 68   „Marx, Engels, Kommunistische Manifest - Deckblatt" In: Walter
Schmidt u.a. (s.o.), S. 51.

Seite 68   „Manifest des freien Urchristentums" In: Friedrich Hauss, Väter
der Christenheit. Wuppertal/Zürich 1991, S. 553.

Seite 72   „Ludwig Feldner". In: Klaus Goebel. (s.o.), nach S. 96.

Seite 75   „Gerhard Dürselen". In: Jürgen Müller-Späth, Die Anfänge des
CVJM in Rheinland und Westfalen. Schriftenreihe des Vereins für
rheinische Kirchengeschichte Bd.90, Köln 1988, nach S.134.

Seite 76   „Jünglingsbote". In: Tania Ünlüdag, Historische Texte aus
dem Wuppertal". Wuppertal 1989, S. 504.

Seite 79	„König Friedrich Wilhelm III. besucht Kaiserswerth". Archiv Diakoniewerk Kaiserswerth.
Seite 88	„Friedrich Wilhelm Dörpfeld" In: Anna Carnap, Friedrich Wilhelm Dörpfeld. Gütersloh 1903, Bildtafel 1.
Seite 90	„Friedrich Wilhelm III., König von Preußen". In: Klaus Goebel (s.o.), Bildtafel 36, nach S. 96.
Seite 97	„Eine Elberfelder Barrikade". In: Klaus Goebel (s.o.), Bildtafel 1, nach S. 96.
Seite 99	„Hermann Friedrich Kohlbrügge". In: Friedrich Bartsch (s.o.), S. 161.
Seite 100	„Daniel von der Heydt" und „August von der Heydt". In: Klaus Goebel (s.o.), Bildtafel 8, nach S. 96.
Seite 105	„Johanna und Gottfried Kinkel". Bonner Stadtarchiv. In: Hermann Rösch-Sondermann, Gottfried Kinkel als Ästhetiker, Politiker und Dichter. Bonn 1982.
Seite 121	Vignette „Kinder-Bote". In Tania Ünlündag (s.o.). S. 545.
Seite 127	„Lied-Faksimile". Evang. Gesangbuch für das Rheinland und Westfalen. Dortmund 1890, Lied Nr. 492.
Seite 130	„Koblenzer Florinskirche von innen". In: Jochen Gruch u.a., Die evangelische Florinskirche in Koblenz. Zur Geschichte von Kirche und Gemeinde seit dem 19. Jahrhundert. Selbstverlag Ev. Kirchengemeinde Koblenz- Mitte 1992, S.4.
Seite 133	„Kölner Trinitatiskirche". Aus: „Kunst des 19. Jahrhunderts" Architekt Schwann, Düsseldorf 1980, S. 315.
Seite 143	„Clemens Theodor Perthes". In: Wolfgang Eichner, Evangelische Sozialarbeit im Aufbruch. Köln 1986, S. 173.
Seite 150	„Tante Hanna". (Hanna Faust) In: Wilhelm Busch, Tante Hanna. Elberfeld 1906, Umschlagbild.
Seite 152	„Andreas Bräm". In: Elsbeth Lohbeck, Andreas Bräm. Gedenkblatt zum 80 Gebrutstag 1877. Köln 1989, S. 229.
Seite 159	„August Bebel" und „Wilhelm Liebknecht". Archiv Internationale Institut voor sociale geskiedenis, Amsterdam.
Seite 159	„Ferdinand Lassalle". Archiv (s.o.), Amsterdam.
Seite 171	„Friedrich Fabri". In: Gustav Menzel, Die Rheinische Mission". Wuppertal 1978, nach S. 463.
Seite 175	„Christoph Blumhardt". In: Christoph Blumhardt, Ansprachen - Predigten - Reden - Briefe 1865-1917. Band 1: Von der Kirche zum Reich Gottes. Neukirchen 1978, Bildtafel 1.